Jochen Michels (Hrsg.)

Geduld in Krankheit / Milderungen

Jochen Michels (Hrsg.)

Geduld in Krankheit / Milderungen

Armand Jean Le Bouthillier de Rancé: Über die Heiligkeit und die Pflichten des Ordenslebens– Kap.XXII/XXIII-1683/1701-f/d

Fromm Verlag

Impressum / Imprint

Bibliografische Information der Deutschen Nationalbibliothek: Die Deutsche Nationalbibliothek verzeichnet diese Publikation in der Deutschen Nationalbibliografie; detaillierte bibliografische Daten sind im Internet über http://dnb.d-nb.de abrufbar.

Bibliographic information published by the Deutsche Nationalbibliothek: The Deutsche Nationalbibliothek lists this publication in the Deutsche Nationalbibliografie; detailed bibliographic data are available in the Internet at http://dnb.d-nb.de.

Coverbild / Cover image: www.ingimage.com

Verlag / Publisher:
Fromm Verlag
ist ein Imprint der / is a trademark of
OmniScriptum GmbH & Co. KG
Bahnhofstraße 28, 66111 Saarbrücken, Deutschland / Germany
Email: info@omniscriptum.com

Herstellung: siehe letzte Seite /
Printed at: see last page
ISBN: 978-3-8416-0310-4

Armand Jean Le Bouthillier de Rancé, OCSO

Über die Heiligkeit

und

die Pflichten

des Ordenslebens

Kapitel XXII – Geduld in Krankheit und Behinderung

Kapitel XXIII – Milderung

(Übersetzung von „De la Sainteté et des Devoirs de la Vie Monastique“)

DE LA SAINTETÉ ET DES DEVOIRS DE LA VIE MONASTIQUE.

TOME SECOND.

A PARIS,
Chez FRANÇOIS MUGUET, Imprimeur ordinaire du Roy & de Monſeigneur l'Archeveſque, ruë de la Harpe.

MDCLXXXIII.
Avec Approbation & Privilege.

Vorbemerkung

Abt Armand Jean Le Bouthillier de Rancé war der große Reformator der Zisterzienser von der strengeren Observanz, OCSO – der Trappisten, wie sie später genannt werden.

Heute sagen manche sogar, dass das gesamte abendländische Ordensleben ohne seine Einflüsse schon seit 300 Jahren nicht mehr existieren würde.

Besonders bedeutend neben seinem mutigen Wandel in der eigenen Lebensführung sind seine vielen mündlichen und schriftlichen Äußerungen zum Glauben, zum Leben der Ordensleute und zu theologischen Fragen. Seine Anweisungen, mit denen er seine Mitbrüder in ihrem Ordenleben bestärkt und ihnen ihre Pflichten verdeutlicht, werden als Predigten, Ermahnungen und Instruktionen bezeichnet.

Als strenger Lehrer ist er selbst nicht nur unverdächtig, sondern in höchstem Masse glaubwürdig, hat er doch in seinem persönlichen Leben den radikalen Schritt vom reichen Lebemann zum asketischen Mönch vor aller Augen vollzogen. Angeregt wurden wir durch einen deutschen Trappisten-Mönch, seine Arbeiten ins Deutsche zu übertragen, da die einzige frühere Übersetzung, die 1750 in Augsburg[1] erschien, sehr frei und lückenhaft war und heute kaum noch zu lesen ist.

Das ganze über 1.000-seitige Werk „De la Sainteté et des Devoirs da la Vie Monastique" ist in 23 Kapitel gegliedert. Darin gibt de Rancé seinen

[1] Des Hochwürdigen und Gottseeligen Im Leben und nach dem Todt wunderthätigen Herrn Armandi Joannis De Rancé, Abbtens und Reformators des Closters U. L. Frauen zu La Trapp Cistercienser Ordens, Welcher den 27. Octobris 1700. heilig verschiden ist, Vortreffliches Werck von der Heiligkeit und denen Pflichten des Clösterlichen Lebens (Augsburg|Augspurg, 1750)

Mitbrüdern ausführliche Antworten auf ihm gestellte – oder erdachte – Fragen.

Dazu wurden die beiden Ausgaben von 1683 und 1701 durch Trappistinnen des belgischen Klosters Notre-Dame de Clairefontaine digitalisiert, in modernes Französisch übertragen und uns zur Verfügung gestellt. Rechte beanspruchen weder die deutschen Trappisten noch eine andere Institution, bisher gibt es keine offizielle kirchliche Bewertung der Texte. Der Vatikan zeigte kein Interesse. Anfragen an das Bistum wegen eines Imprimatur blieben ohne Antwort.

An der Übersetzung haben Herr Willi Reetz, P. Leo OCarm, und Jochen Michels ehrenamtlich zusammen gearbeitet.

Zu Satzbau, Interpunktion, Gestaltung und Fußnoten:

Der Autor de Rancé verwendet in seinen Schriften eine sehr impulsiv-dynamische Sprache, die ahnen läßt, welcher Geist ihn umtrieb und mit welcher Energie er sich seinen Mitbrüdern mitteilte.

So scheut er sich niemals vor einem ungewöhnlich langen und vielfach verschachtelten Satzbau, wenn er Argumente um Argumente aneinander reiht, um seinem Anliegen mit Nachdruck und Verve Gewicht zu verleihen.

Auch ohne Kenntnis der damaligen Situation ist zu vermuten, dass er sich souverän über jede offizielle französische Sprachregel, Grammatik, Syntax hinwegsetzte, wenn der Gedankenfluss seine Feder beflügelte. Man versteht nun, dass sein populärstes Bild ihn am Schreibepult in „vollem Schwung" darstellt.

Auch Punkte, Kommata, Semikola verwendet er oder sein Typograf mit kühner Freiheit so, dass man auf weite Strecken den Eindruck hat, hier wurden rednerische, mündliche Äußerungen protokolliert und dann ohne akribische Redaktion in ganzer Originalität zu Papier gebracht. Das macht eine wortgetreue Übersetzung natürlich unmöglich. Und selbst beim Satzbau kommt man nicht ohne den einen oder andern Kompromiss aus.

So mag die Übersetzung manchmal holperig klingen, denn wenn wir vor der Wahl standen:

wort-, satz- und sinngetreu oder

flüssig in aktuellem Deutsch,

so haben wir uns meist für die erste Variante entschieden.

Doch sind wir überzeugt, Sinn und Anliegen von Armand Jean le Bouthillier de Rancé im Wesentlichen sinngetreu und wortnah wiederzugeben.

Die lateinischen Zitate wurden manchmal geringfügig korrigiert, selten weil die Originale fehlerhaftes Latein enthalten, öfter weil in dem alten Original ihre Lesbarkeit manche Buchstaben nicht ganz eindeutig erkennen lässt. Sie sind im deutschen Teil als deutsche Übersetzung direkt in den Text eingefügt.

Die Fußnoten betreffen jeweils den französischen Text und die deutsche Übersetzung; sie sind aus Platzgründen meist auf der französischen Seite zusammengefasst. Ihre Nummerierung ist nicht genau identisch, weil im Deutschen einige zusätzliche erforderlich wurden. Wenn Bibel- und Buchzitat-Stellen in Französisch und Deutsch gleich sind, wurden sie nicht übersetzt. Bei der Psalm-Nummerierung folgen wir im Deutschen meist der Einheitsübersetzung.

Manche Fußnoten und Zitate anderer Schriften konnten nicht eindeutig übersetzt bzw. geklärt werden. Da hier keine wissenschaftliche Arbeit angestrebt wird, haben wir sie im Original stehen lassen.

Fragezeichen bei Fußnoten deuten an, dass weder im Original noch in der modernisierten französischen Fassung Genaueres ersichtlich war.

Für Korrekturen und nützliche Hinweise sind die Übersetzer jederzeit dankbar. Bitte richten Sie diese an den Herausgeber unter der Mail-Adresse: jochen.michels@jomi1.com

Aus technischen Gründen haben wir mit Band II des Originals begonnen und geben es kapitelweise heraus. Das Vorliegende enthält die Kapitel:

XXII – Geduld in Siechtum und Krankheiten

XXIII – Erleichterung, Milderung

Die gesamte Kapitelstruktur der zwei Bände finden Sie am Ende dieses Buches.

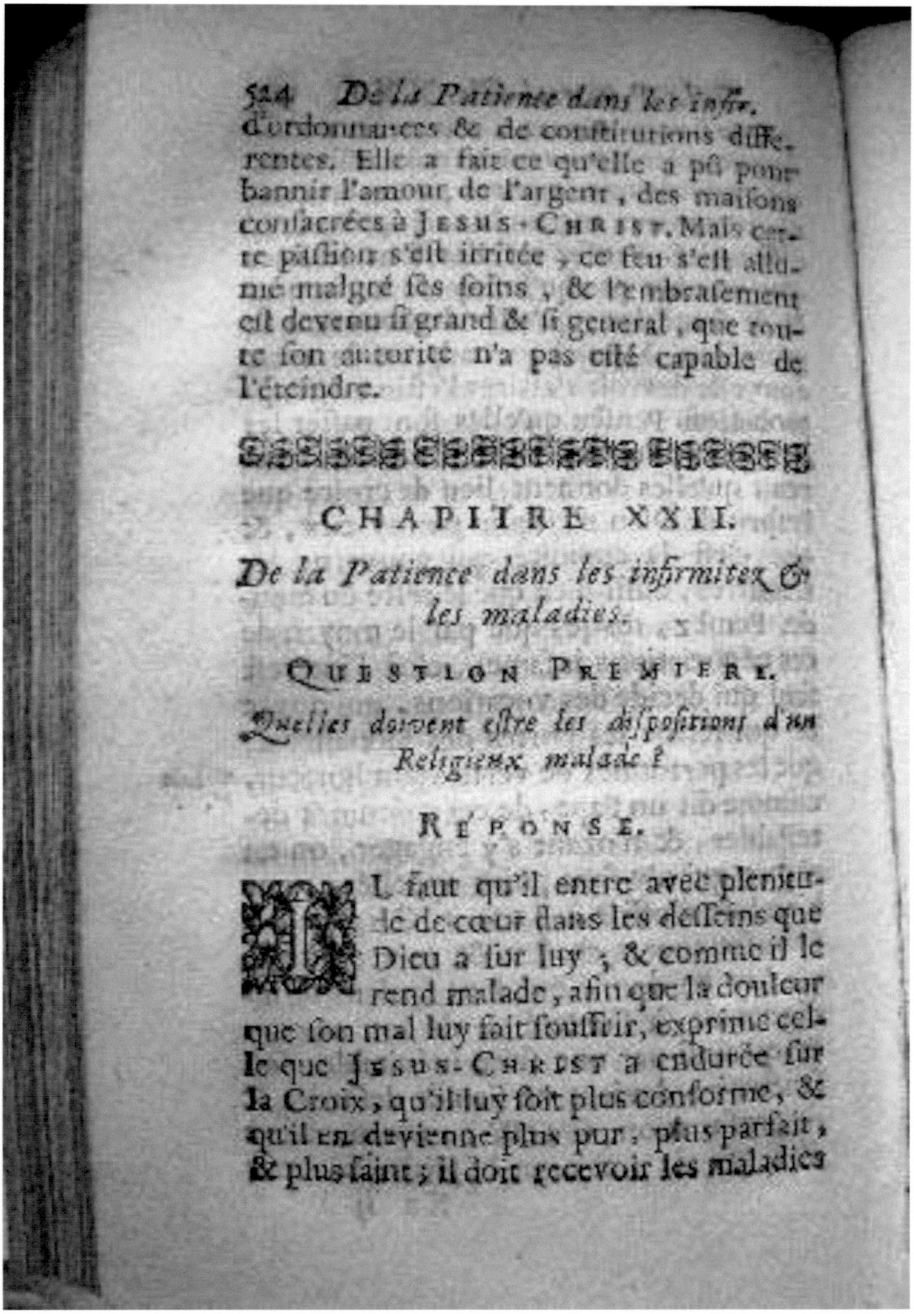

d'ordonnances & de constitutions differentes. Elle a fait ce qu'elle a pû pour bannir l'amour de l'argent, des maisons consacrées à JESUS-CHRIST. Mais cette passion s'est irritée, ce feu s'est allumé malgré ses soins, & l'embrasement est devenu si grand & si general, que toute son autorité n'a pas esté capable de l'éteindre.

CHAPITRE XXII.

De la Patience dans les infirmitez & les maladies.

QUESTION PREMIERE.

Quelles doivent estre les dispositions d'un Religieux malade?

REPONSE.

IL faut qu'il entre avec plenitude de cœur dans les desseins que Dieu a sur luy; & comme il le rend malade, afin que la douleur que son mal luy fait souffrir, exprime celle que JESUS-CHRIST a endurée sur la Croix, qu'il luy soit plus conforme, & qu'il en devienne plus pur, plus parfait, & plus saint; il doit recevoir les maladies

CHAPITRE XXII - MALADIES

De la patience dans les infirmités et les maladies

QUESTION PREMIERE

Quelles doivent être les dispositions d'un religieux malade ?

Réponse

Il faut qu'il entre avec plénitude de cœur dans les desseins que Dieu a sur lui. Et comme il le rend malade afin que la douleur que son mal lui fait souffrir exprime celle que Jésus Christ a endurée sur la Croix; qu'il lui soit plus conforme et qu'il en devienne plus pur, plus parfait, et plus saint, il doit recevoir les maladies qui lui arrivent, non seulement avec résignation, mais encore avec actions de grâces. Il faut qu'il considère les douleurs qui l'affligent comme des remèdes que Dieu lui applique pour la guérison de son âme, et qu'il se dise avec le prophète du fond de sa reconnaissance: "J'accepte, Seigneur, le calice qui doit opérer mon salut, et je bénirai pour jamais votre saint nom. *Calicem salutaris accipiam, et, nomen Domini invocabo*[2]„. C'est par ce moyen qu'il arrêtera les désirs, les immortifications, les inquiétudes et les chagrins, qui font qu'au lieu de retirer le fruit et l'utilité que l'on devrait trouver dans les maladies, on en sort plus sujet à ses passions et plus misérable qu'on ne l'était auparavant.

---

[2] Ps 115, 4

Kapitel XXII – Krankheiten

Von der Geduld bei Gebrechlichkeiten und Krankheiten

Erste Frage

Wie sollen sich ein Ordensmann bei Krankheit verhalten?

Antwort

Aus vollem Herzen soll er sich dem fügen, was Gott für ihn vorgesehen hat. Da Er ihn hat krank werden lassen, damit der Schmerz, den ihn seine Krankheit erleiden lässt, den, den Jesus am Kreuz ertragen hat, nachempfinden, Ihm ähnlicher und so reiner, vollkommener und gottgefälliger werden lassen soll, muss er die Krankheiten, die ihn ereilen, nicht nur mit Ergebenheit sondern als Gnadengeschenk entgegennehmen. Er muss die Schmerzen, die ihn quälen, als Heilmittel betrachten, die Gott für die Heilung seiner Seele anwendet. Mit dem Propheten soll er aus dankbarem Herzen heraus sagen: „Ich nehme, Herr, den Kelch an, der mein Heil bewirken soll, und ich werde für immer Deinen heiligen Namen preisen. *Ich will den Kelch des Heiles nehmen und den Namen des Herrn anrufen"*. Auf diese Art und Weise wird er die Leidenschaften, den Lebensgenuß, Unruhezustände und Kümmernisse abwehren können, die dazu führen, dass man seinen Leidenschaften noch mehr erliegt und erbärmlicher dasteht als zuvor, statt die Früchte und den Nutzen zu ernten, die man aus Krankheiten ziehen kann,.

Question II

Est-il convenable à un religieux de chercher les médecins et de se servir de remèdes dans ses maladies ?

Réponse

Je vous dirai, mes frères, pour répondre à votre demande, que les premiers solitaires vivaient dans une si grande indépendance des créatures, et dans un si grand abandon entre les mains de Dieu, que la plupart, lorsqu'ils étaient malades, attendaient leur guérison purement de sa Providence. La vivacité de leur foi, le mépris des choses de la terre et le désir d'être unis à Jésus Christ faisaient qu'ils rejetaient toutes assistances humaines et qu'ils laissaient uniquement à Dieu la décision de leur vie et de leur mort.

C'est ce que les actions et les instructions des saints nous ont appris[3] … Saint Théodore, solitaire de Tabenne, étant travaillé d'une douleur de tête très violente, supplia saint Pacôme son supérieur, de le soulager par ses prières. Mais ce grand saint qui savait combien il lui était avantageux de souffrir, lui répondit ces paroles si remarquables: "Croyez, mon fils, qu'il ne nous arrive point de douleurs ou d'autres peines sans la permission de Dieu. Supportez cette douleur avec une humble patience, et il vous guérira quand il lui plaira. Que s'il daigne vous éprouver plus longtemps, rendez-lui en grâces à l'imitation du très parfait et très patient Job qui, au milieu de tant de tourments, bénissait toujours le Seigneur, afin que de même qu'à lui, en récompense de ces douleurs, Jésus Christ augmente vos consolations. Car bien qu'il soit vrai que l'abstinence et la persévérance en l'oraison soient très louables, un malade mérite bien davantage lorsqu'il souffre son mal avec patience.

[3] Vit. Pat. / Kirchenväter

FRAGE II

Passt es zu einem Ordensmann, in seiner Krankheit Ärzte aufzusuchen und Medikamente zu nehmen?

Antwort

Um auf eure Frage einzugehen, meine Brüder, sage ich euch, dass die ersten Mönche in so großer Unabhängigkeit von den Mitmenschen lebten und in einer so großen Ergebenheit in die Hand Gottes, dass die Mehrzahl von ihnen im Krankheitsfall ihre Genesung ausschließlich von Seiner Vorsehung erwarteten. Die Lebendigkeit ihres Glaubens, ihre Verachtung der irdischen Dinge und ihr Verlangen, mit Jesus Christus vereinigt zu sein, ließen sie jede Unterstützung seitens ihrer Mitmenschen zurückweisen und Gott allein die Entscheidung über ihr Leben und ihren Tod überlassen.

So haben es uns die Taten und die Unterweisungen der Heiligen gelehrt. Der hl. Theodor, Einsiedler von Tabenne, der von einem sehr heftigen Kopfschmerz geplagt wurde, bat den hl. Pachomius, seinen Oberen, diesen durch seine Fürbitte zu lindern. Aber dieser große Heilige, der wusste, wie nützlich jenem das Leiden war, antwortete ihm mit diesen bemerkenswerten Worten: „Glaube mir, mein Sohn, dass kein Schmerz oder anderes Leiden uns trifft, ohne dass Gott es zulässt. Trage diesen Schmerz in demütiger Geduld, Er wird dich heilen, wenn es Ihm gefällt. Wenn Er geruht, dich länger zu prüfen, sage Ihm Dank wie es der überaus vollkommene und geduldige Hiob tat, als er mitten in seinen großen Qualen immer den Herrn segnete, damit Jesus Christus dir ebenso wie ihm zum Lohn dieser Schmerzen noch größeren Trost gewährt. Denn obwohl es stimmt, dass Enthaltsamkeit und andauerndes Gebet sehr zu loben sind, gewinnt der Kranke noch viel mehr, wenn er sein Leid in Geduld erträgt.

Le même saint allant voir un de ses frères qui était malade, et qui, à force de travailler s'était mis les mains tout en sang, et se servait d'un peu d'huile pour les guérir; mais qui au lieu de recevoir du soulagement de ce remède en ressentait au contraire des douleurs qu'il ne pouvait plus endurer, il lui fit ce reproche: "Pensez-vous mon frère, que cette huile vous puisse soulager ? et qui vous a contraint de travailler de telle sorte, que ce travail ait été cause que vous ayez eu plus de confiance en ce remède visible qu'en Dieu ? N'est-il pas en son pouvoir de vous guérir ? Ignore-t-il nos maladies ou a-t-il besoin que nous les lui fassions connaître ? Nullement; mais considérant ce qui est utile à nos âmes, il souffre pour un temps que nous soyons affligés afin de nous accorder en suite de notre patience, des récompenses éternelles. Mettons donc en lui toutes nos espérances et il fera cesser toutes nos douleurs."

Saint Jean Chrysostome en parlant des solitaires de son temps, dit[4] que si quelqu'un d'entre eux tombait malade, on ne voyait ni larmes ni pleurs, et qu'on ne faisait rien d'autre que d'avoir recours à de nouvelles prières. Que c'était la foi seule qui guérissait souvent les maladies et non pas le secours des médecins. Et que si quelquefois on était obligé de se servir de leur ministère, on trouvait dans la conduite des frères une patience et une sagesse extraordinaire…

Saint Diadoque dit[5] que les solitaires qui vivent dans les déserts et dans les solitudes éloignées de la vue des hommes, ou seuls ou dans la compagnie de deux ou trois frères seulement, et sous un même Institut, quelque maladie qui leur arrive, ne doivent faire autre chose que de s'adresser à Dieu dans une vive foi, lequel guérit toutes sortes de maux et de langueurs. Et il ajoute, qu'après Dieu leur solitude doit leur tenir lieu d'un grand soulagement.

---

[4] Hom II. In 1. ad Tm / im ersten Brief an Timotheus

[5] Cap 53. De *perf. spirit.;* Diadoque de Photicé, *Œuvres Spirituelles,* Chap. 53, p.115; Coll. S.C. 5 bis; Cerf, Paris 1966

Der erwähnte Heilige ging, um nach einem seiner Brüder zu sehen, der krank war und sich die Hände ganz blutig gearbeitet hatte und sie mit etwas Öl heilen wollte; als dieser aber, anstatt durch das Heilmittel Linderung zu erhalten, dadurch im Gegenteil unerträgliche Schmerzen erlitt, machte er ihm diesen Vorwurf: „Glaubst du mein Bruder, dass dieses Öl dir Linderung verschaffen kann? und wer hat dich gezwungen, so hart zu arbeiten, dass diese Arbeit der Grund war, in dieses sichtbare Heilmittel mehr Vertrauen zu haben als in Gott? Steht es nicht in Seiner Macht, dich zu heilen? Will Er von unseren Krankheiten nicht wissen oder müssen wir sie Ihm etwa mitteilen? keineswegs; aber da Er weiß, was nützlich für unsere Seelen ist, lässt Er eine Zeit lang zu, dass wir heimgesucht werden, um uns dann wegen unserer Geduld die ewigen Belohnungen zu gewähren. Also setzen wir auf Ihn alle unsere Hoffnung und Er wird all unseren Schmerzen ein Ende bereiten."

Als der hl. Johannes Chrysostomus von die Einsiedlern seiner Zeit sprach, sagte er, wenn jemand unter ihnen krank wurde, sah man weder Tränen noch Weinen, und man tat nichts anderes, als Zuflucht zu nehmen zu mehr Gebet, dass allein der Glauben oft die Krankheiten heilte und nicht die Hilfe der Ärzte. Und wenn man manchmal gezwungen war, sich ihrer Hilfe zu bedienen, fand man in der Haltung der Brüder eine außergewöhnliche Geduld und Weisheit…

Der hl. Diadochus sagt, dass die Einsiedler, die in den Wüsten, in Einsamkeit, ohne menschlichen Kontakt, allein oder zu zwei oder drei Brüdern und unter dem gleichen Institut leben, wenn sie eine Krankheit befällt, nichts anderes tun dürfen, als sich im lebendigen Glauben an Gott zu wenden, der alle möglichen Übel und Leiden heilt. Und er fügt hinzu, dass ihnen ihre Einsamkeit nächst Gott eine große Erleichterung verschaffte.

Saint Macaire dit[6] qu'il est indigne d'un solitaire d'user de remèdes. Et sur ce que l'on oppose à ce sentiment – que Dieu a créé la médecine et a donné la vertu aux remèdes et aux plantes pour la guérison des maladies – il répond que depuis que l'homme est devenu sujet à la mort et aux maladies par la désobéissance du premier père, Dieu, ému par son infinie bonté; ne voulant pas que la race pécheresse des hommes fut consumée tout d'un coup par les maladies, a accordé les remèdes de la médecine aux faibles et aux incrédules, à ceux qui sont attachés au monde et étrangers de sa loi et de son alliance. Et qu'il a permis aussi aux fidèles qui n'ont pas assez de courage pour s'abandonner entièrement à sa providence d'user de ces mêmes remèdes qui peuvent adoucir et même guérir quelquefois les infirmités corporelles. Mais vous, ô Solitaires, dit-il, qui vivez hors du commerce des hommes, qui vous êtes approchés de Jésus Christ, qui désirez être enfant de Dieu et de renaître par un esprit supérieur à la nature humaine; qui attendez l'effet des promesses plus grandes et plus relevées que celles qui avaient été faites à Adam, lors même qu'il était encore immortel, qui vous préparez sans cesse à l'heureux avènement du Seigneur, qui êtes passagers et voyageurs en ce monde, vous devez avoir une foi plus vive, plus forte et plus généreuse que les autres, et votre vie doit être plus spirituelle et plus détachée du corps et des sens que celle du commun des chrétiens.

On lit[7] que saint Fulgence étant malade dans l'île de Circine, où il s'était retiré avec quelques religieux pour se préparer à la mort, et les médecins lui ayant proposé de prendre les bains pour soulager son mal,

---

[6] Hom 48. *De perfecta fide in Deum.* / Vom vollkommenen Glauben an Gott
Trad. Dans: Les Homélies Spirituelles de saint Macaire; Homélie 48,4-6, pp. 352-353. Coll. *Spiritualité Orientale* n° 40, Abb. Bellefontaine 1984.

[7] Ferrand. Vita s. Fulg. c. 30 / Leben des Hl Fulgentius

Der hl. Makarius sagt, es sei eines Eremiten unwürdig, Heilmittel zu benutzen. Und, was man diesem Empfinden entgegenhält - dass Gott die Medizin geschaffen und den Heilmitteln und Pflanzen die Gabe zur Heilung der Krankheiten gegeben hat – darauf antwortet er, dass Gott, nachdem der Mensch durch den Ungehorsam des ersten Urvaters zu Tod und Krankheiten geneigt war, in seiner unendlichen Güte bewegt wurde; Er wollte nicht, dass die sündhafte menschliche Rasse mit einem Mal durch Krankheiten dahingerafft würde, und gewährte den Schwachen und Ungläubigen die Heilkräfte der Medizin, jenen, die gefesselt an die Welt und fern Seinem Gesetz und seinem Bund sind. Und dass Er auch den Glaubenden, die nicht genügend Mut haben, sich Seiner Vorsehung völlig anheim zu stellen, erlaubt hat, diese selben Heilmittel zu benutzen, welche die Körpergebrechen lindern und manchmal sogar heilen können. Aber ihr, oh Einsiedler, sagt er, die ihr

- fern der menschlichen Händel lebt,
- von Jesus Christus angesprochen wurdet,
- Gotteskinder sein möchtet,
- und durch einen Geist wieder aufleben wollt der höher ist als die menschliche Natur,
- die ihr die Wirkung noch größerer und höherer Versprechen erwartet, als jene, die an Adam ergingen, obgleich dieser damals noch unsterblich war,
- die ihr euch unaufhörlich auf die glückliche Wiederkunft des Herrn vorbereitet,
- die ihr vorübergehende Reisende in dieser Welt seid,

ihr müsst einen stärkeren und großzügigeren lebhafteren Glauben haben als die anderen, und euer Leben muss geistiger und losgelöster von Leib und Sinnen sein als jenes der einfachen Christen.

Man liest, dass der hl. Fulgentius, als er krank auf der Insel Circine lag, wohin er sich mit einigen Mönchen zurückgezogen hatte um sich auf den Tod vorzubereiten und wo ihm die Ärzte vorschlugen, zur Linderung seiner Leiden Bäder zu nehmen,

il leur demanda si les bains pouvaient empêcher un homme immortel de mourir après avoir achevé sa course. Et il leur dit ensuite: Pourquoi voulez-vous me persuader à la fin de ma vie, de relâcher de la sévérité dans laquelle j'ai vécu depuis si longtemps.

Mais rien n'est si digne d'être remarqué que ce qui se pratiquait dans un monastère de la basse Thébaïde où la grande sainte Euphrasie s'était retirée. L'austérité y était si extrême, que quand les religieuses tombaient malades, elles en rendaient grâces à Dieu comme d'une faveur, sans vouloir user d'aucun remèdes, parce qu'elles n'espéraient de guérison que de Dieu seul. Et la sainteté de leur vie rendait leurs prières si agréables que souvent elles recouvraient miraculeusement la santé.

Cette austérité n'a pas été générale parmi les solitaires. Les anciens cénobites n'ont pas tous observé cette grande rigueur. Et nous pouvons dire avec assurance, sur les exemples et les instructions que les saints nous ont données, que les moines peuvent user de remèdes pendant leurs maladies. Mais avec ces restrictions, savoir qu'ils n'y aient ni attachement ni confiance. Qu'ils regardent uniquement Dieu comme celui qui peut leur rendre la santé, que les remèdes soient courants, ordinaires, qu'on puisse les avoir sans recherche et sans dépense. Et que toute cette conduite soit tellement dans la disposition (sentiment favorable) du supérieur que les religieux ne le préviennent ni par leur désir, ni par leur inquiétude. Et qu'en cela, ils ne fassent rien qu'obéir et se soumettre.

Saint Basile dit[8] que l'usage de la médecine est permis, et que Dieu a donné des qualités naturelles aux racines, aux feuilles, aux fleurs, aux fruits, au suc des herbes et des plantes, aux métaux, et à d'autres choses qu'on trouve dans la mer pour le soulagement des corps.

---

[8] Regul. fus. disput. Quest. 55 = GR pp. 155 …

dass er sie fragte, ob die Bäder einen unsterblichen Menschen am Sterben hindern könnten, nachdem er seinen Lauf vollendet hätte. Und dann sagt er ihnen: warum wollt ihr mich am Ende meines Lebens überzeugen, von der Strenge abzulassen, in der ich so lange gelebt habe?

Doch nichts ist so erwähnenswürdig, als was man in einem Kloster der unteren Thebaïs praktizierte, wohin sich der große hl. Euphrasius zurückgezogen hatte. Die Strenge war dort so extrem, dass, wenn die Mönche krank wurden, sie Gott dafür wie für eine Gunst dankten, keinerlei Heilmittel benutzten, weil sie eine Heilung nur durch Gott erhofften. Und die Heiligkeit ihres Lebens machte ihre Gebete so wohlgefällig, dass sie oft wundersam gesundeten.

Diese Strenge war unter den Mönchen nicht allgemein üblich. Die Mönche haben damals nicht alle diese Unerbittlichkeit praktiziert. Und wir können mit Bestimmtheit sagen, dass, ausgehend von dem Beispiel und den Anweisungen, die uns die heiligen Urväter gegeben haben, Mönche im Krankheitsfall durchaus von Arzneien Gebrauch machen können. Wohl aber mit folgenden Einschränkungen: sie dürfen ihr Vertrauen nicht nur auf diese setzen, sondern einzig und allein Gott als den betrachten, der ihnen die Gesundheit wiedergeben kann. Die Heilmittel sollen allgemein üblicher und gewöhnlicher Natur sein, so dass man sie ohne großes Suchen und ohne große Kosten beschaffen kann. Das ganze Verhalten soll der Leitung des Abtes derart unterliegen, dass Mönche ihm weder aus eigenem Verlangen noch eigener Unruhe heraus zuvorkommen. Auch hierin sollen sie nichts anderes tun als gehorchen und sich unterwerfen.

Der hl. Basilius sagt, dass der Gebrauch der Medizin erlaubt sei, und dass Gott den Wurzeln, Blättern, Blumen, Früchten, dem Saft der Kräuter und Pflanzen, den Metallen und den Kräften des Meeres natürliche Eigenschaften zur Unterstützung des Leibes verliehen hat.

Que les hommes peuvent en user, mais que les chrétiens doivent entièrement renoncer aux remèdes qu'on ne peut avoir sans beaucoup de dépense, d'empressement, de rechercher et d'inquiétudes, qui nous jettent en des embarras, et que nous engagent à passer notre vie dans le soin de nos corps. Et que quand nous sommes obligés d'avoir recours à l'art de la médecine, il faut prendre garde de ne pas la considérer, comme devant être la cause entière de notre santé, ou de notre maladie; et ne pas croire que lorsque nous sommes privés de ce secours, nous ne puissions trouver ailleurs la guérison. Mais au contraire, nous devons savoir que Dieu ne permettra pas que nous soyons tentés au-delà de nos forces[9], et que comme Jésus Christ a quelquefois guéri des maladies par des remèdes sensibles, il en a aussi guéri d'une manière secrète et par l'opération de sa seule volonté.

Le même saint dit que les maladies sont quelquefois des châtiments des péchés, et qu'alors les malades doivent se passer de remèdes naturels et ordinaires, et souffrir leurs infirmités en paix et en silence, en imitant celui qui disait:'Je porterai la colère du Seigneur puisque je l'ai offensé[10]', et s'appliquer à corriger leur vie, à réformer leurs mœurs, à faire de dignes fruits de pénitence. Et le souvenir de ces paroles de Jésus Christ[11]: Vous voilà guéri, mais prenez garde à l'avenir de ne pas tomber dans le péché de crainte qu'il ne vous arrive encore pis.

Il dit aussi que Dieu permet au démon de tenter ses serviteurs pour confondre son orgueil par leur extrême patience, comme il arriva dans la personne de Job. Et que, parfois, il leur envoie des maladies, afin que la constance avec laquelle ils souffrent jusqu'à la mort de violentes douleurs, serve d'exemple à ceux qui ne peuvent pas endurer les moindres peines. C'est ce qu'on a vu dans Lazare[12] qui, étant couvert de tant d'ulcères, ne désira jamais rien de son prochain pour le soulagement

---

[9] 1 Co 10, 13
[10] Mi 7, 9
[11] Jn 5, 14 / Joh 5,14
[12] Lc 16, 20 / Lk 16,20

Dass die Menschen sie nutzen können; Christen sollten aber auf jene Mittel ganz verzichten,

- die man nur mit großem Aufwand, Eifer und Sorgen erlangen kann,
- die uns in Verlegenheit bringen
- und uns dazu verleiten, der Pflege unseres Körpers das ganze Leben zu widmen.

Und dass, wenn man gezwungen ist, auf die Kunst der Medizin zurückzugreifen, man sich hüten muss, sie nicht als einzige Ursache unserer Gesundheit oder Krankheit anzusehen; und nicht zu glauben, dass, wenn wir dieser Hilfe entbehren müssten, wir Heilung anderswo nicht finden können. Im Gegenteil sollen wir wissen, dass Gott nicht erlaubt, dass wir über unsere Kräfte hinaus versucht werden, und wie Jesus Christus Krankheiten manchmal durch feinfühlige Mittel geheilt hat, hat er solche ebenso auf geheime Weise und allein durch Ausübung seines Willens geheilt.

Derselbe Heilige sagt, dass die Krankheiten manchmal Sünden-Strafen seien und dass dann die Kranken ohne natürliche und gewöhnliche Heilmittel auskommen müssen, ihre Gebrechen in Frieden und in Stille erleiden sollen, indem sie jenen nachahmen der sagte: „Ich werde den Zorn des Herrn erdulden, da ich Ihn beleidigt habe“, und sich bemühen, ihr Leben zu ändern, ihre Sitten zu erneuern und würdige Früchte ihrer Buße zu erbringen. Und das Gedächtnis an diese Jesusworte: Siehe da, du bist geheilt, doch hüte dich in Zukunft, nicht in die Sünde zu fallen, aus Furcht, dass es noch schlimmer kommen kann.

Er sagt auch, dass Gott dem Dämon erlaube, seine Diener zu versuchen, um seinen Stolz durch ihre extreme Geduld zu verwirren, wie es in der Person Iobs geschah. Und dass er ihnen manchmal Krankheiten sendet, damit die Beständigkeit, mit der sie heftige Schmerzen bis zum Tod leiden, jenen als Beispiel dient, die schon geringfügigste Leiden nicht aushalten können. So wie man es bei Lazarus sah, der über und über mit Geschwüren bedeckt war, doch zur Linderung

de ses maux. Saint Basile veut que dans tous ces cas, un malade se passe des remèdes et des secours des hommes, de crainte de troubler l'ordre de Dieu, et de se soustraire à sa volonté.

Saint Diadoque, dit[13] que rien n'empêche qu'on se serve de la médecine lorsqu'on est malade; mais que c'est de Jésus Christ, le Sauveur et le véritable médecin, et non pas des remèdes qu'on doit attendre la guérison. Il parle seulement pour les religieux qui demeurent dans les villes ou dans les grandes communautés, parce qu'il leur survient quantité d'accidents qui les empêchent de se soutenir, et d'agir incessamment par une foi et par une charité vive; et que la singularité de leur conduite les exposerait à la vaine gloire et aux tentations du démon.

On voit[14] que les premiers Chartreux ne prenaient que très rarement des médecines, et que tous leurs remèdes se réduisaient au cautère et à la saignée: „*Medicinis autem excepto cauterio et sanguinis minutione perraro utimur* “.

Voici quels ont été sur cette matière les sentiments de saint Bernard[15], auxquels sans doute vous ne ferez point de difficulté de donner votre créance. Que dites-vous ici (ce sont les paroles de notre saint), vous qui observez les qualités des viandes[16], et négligez la pureté des mœurs. Hippocrate et ses sectateurs enseignent à conserver la vie en ce monde, Jésus Christ et ses disciples à la perdre. Duquel des deux voulez-vous plutôt suivre les règles et les ordres ? Celui-là déclare assez lequel il veut suivre, qui discourt sur les qualités naturelles des choses qu'on mange, et qui dit: celle-là nuit aux yeux, cette autres à la tête, celle-là à l'estomac. Avez-vous lu ces différences dans l'évangile et dans les prophètes ou dans les écrits des apôtres ?

---

[13] Cap. 53 de perf. spirit. Cf.supra: note 4
[14] Constit. Gui. C.39 / die Regeln des Hl. Guigo
[15] Serm.Ct. 30, V; SBO Tom I pp. 216… Trad. Française: Bernard de Clairvaux: Sermons sur le Cantique; tome 2 pp 419… Coll. S.C. 431; Cerf-Paris, 1986
[16] en latin: ciborum; également dans la suite du texte. / Speisen, ebenso im folgenden Text

seiner Pein nie etwas von seinem Nächsten wünschte. Der hl. Basilius will, dass ein Kranker in all diesen Fällen ohne die Heilmittel und Hilfen der Menschen auskomme, aus Furcht, Gottes Gebot zu stören und sich Seinem Willen zu entziehen.

Der hl. Diadochus sagt, dass nichts dagegensteht, sich bei Krankheit der Arznei zu bedienen; aber dass man die Heilung von Jesus Christus dem Retter und wahren Arzt erwarten muss und nicht von Heilmitteln. Er spricht nur für die Ordensleute, die in Städten oder großen Gemeinschaften wohnen, weil ihnen viele Unfälle geschehen, die sie hindern, sich zu erhalten und ohne Unterlass nach einem lebendigen Glauben und lebhafter Barmherzigkeit zu handeln; und dass die Einzigartigkeit ihrer Führung sie der schalen Ehre und den Versuchungen des Dämons aussetzen würde.

Man sieht, wie die ersten Kartäuser nur sehr selten eine Medizin nahmen, und dass all ihre Heilmittel sich auf den Kauter (Brenneisen) und den Aderlass beschränken: *„Wir verwenden aber sehr selten Arzneien mit Ausnahme des Brenneisens und des Aderlasses“*.

Zu diesem Thema sind hier die Ansichten des hl. Bernhard, dem ihr zweifellos ohne jede Schwierigkeit euren Glauben schenken könnt. Was sagt ihr hier (so die Worte unseres Heiligen) die ihr den Wert des Fleisches achtet, die Reinheit der Sitten aber vernachlässigt. Hippokrates und seine Gefolgsleute lehren, das Leben in dieser Welt zu erhalten, Jesus Christus und seine Jünger, es zu verlieren. Wessen Regeln und Geboten von diesen Beiden wollt ihr eher folgen? Jener, der große Reden hält über die natürlichen Eigenschaften der Dinge, die man isst, macht klar genug, wem er folgen will, wenn er sagt: dieses schadet den Augen, jenes dem Kopf, das dritte dem Magen. Habt ihr diese Unterschiede im Evangelium, bei den Propheten oder in den Texten der Apostel gelesen?

C'est indubitablement la chair et le sang qui vous ont révélé cette sagesse et non pas l'esprit du Père; car c'est là la sagesse de la chair qui selon les médecins du christianisme, est pernicieuse, mortelle et ennemie de Dieu. Car dois-je vous proposer les sentiments d'Hippocrate et de Galien, ou ceux de l'école d'Épicure ? Je suis disciple de Jésus Christ et je parle à des disciples de Jésus Christ. Je serais coupable si je vous enseignais d'autres maximes que les siennes. Épicure travaille pour la volupté, Hippocrate pour la santé, et Jésus Christ, mon maître m'ordonne de mépriser l'un et l'autre. Hippocrate emploie tout son soin pour conserver la vie de l'âme dans le corps, Épicure recherche tout ce qui la peut entretenir dans les plaisirs et dans les délices, et le Sauveur nous avertit de la perdre lorsqu'il nous dit: 'Celui qui aime son âme la perdra[17]', savoir: en l'abandonnant comme martyr ou en l'affligeant comme pénitent. Quoique ce soit d'ailleurs une espèce de martyre de mortifier par l'esprit les passions de la chair.

Que sert-il de retrancher les délices et les voluptés, si l'on emploie son soin tous les jours *à remarquer la diversité des complexions et à examiner la différence des viandes*[18] ? Les légumes, dit-on, causent des vents; le fromage charge l'estomac; le lait fait mal à la tête; la poitrine ne peut souffrir l'eau toute pure; les racines de quelques herbes nourrissent la mélancolie; les poissons d'un étang ou d'une eau bourbeuse ne s'accommodent point à mon tempérament. Quoi ! Faut-il que dans les eaux, les champs et les jardins, on ait peine à trouver quelque chose que vous puisiez manger ? Considérez, je vous prie que vous êtes religieux et non médecin; et que vous ne serez pas jugés sur votre complexion mais sur votre profession et sur votre état.

---

[17] Jn 12, 25

[18] Investigandis diversitatibus complexionem ciborumque varietatibus... / zu untersuchen die Verschiedenheiten und Unterschiede in den Speisen…

Zweifellos sind es Fleisch und Blut, die euch diese Weisheit offenbart hat und nicht der Geist des Vaters; denn dies ist die Weisheit des Fleisches, das nach den Ärzten des Christentums bösartig, tödlich und Gott feindlich ist. Soll ich euch etwa die Ansichten Hippokrates' und Galienus' oder jene der Schule Epikurs vorschlagen? Ich bin Schüler Jesu Christi und ich spreche mit Schülern Jesu Christi. Ich wäre schuldig, wenn ich euch andere Leitregeln lehrte als die Seinen. Epikur arbeitet für die Sinnenfreude, Hippokrates für die Gesundheit, doch mein Meister Jesus Christus befiehlt mir, das eine wie das andere zu verachten. Hippokrates wendet all seine Sorge dahin, das Leben der Seele im Körper zu behalten, Epikur sucht alles, womit man es zu Vergnügen und Genüssen unterhalten kann, und der Erlöser lehrt uns, es zu verlieren, wenn er uns sagt: „Jeder, der seine Seele liebt, wird sie verlieren", soll heißen: indem man sie als Märtyrer verliert, oder indem man sie als Reuiger bedrängt. Obwohl es sonst eine Art Martyrium ist, die Leidenschaften des Fleisches durch den Geist zu demütigen.

Wie soll man sich dann noch von Genüssen und Sinnenfreuden fernhalten, wenn man alle Tage seine Sorge auf die Mannigfaltigkeit in der Zusammensetzung von Speisen verwendet und deren feine Unterschiede daraufhin untersucht? Das Gemüse, sagt man, verursacht Winde; der Käse liegt im Magen; die Milch macht Kopfschmerzen; die Brust verträgt kein reines Wasser; die Wurzeln einiger Kräuter fördern die Melancholie; die Fische eines Teiches oder eines schlammigen Wassers passen nicht zu meiner Befindlichkeit. Wie! Ist es nötig, dass man Schwierigkeit hat, in Gewässern, auf Feldern und in Gärten etwas zu finden, das ihr essen könntet? Erwägt, ich bitte euch, dass ihr Mönche seid und nicht Arzt; und dass ihr nicht nach eurer Veranlagung, sondern nach eurem Gelübde und eurem Stand beurteilt werdet.

Que si l'on dit que l'apôtre saint Paul[19] ordonne à saint Timothée d'user d'un peu de vin à cause de son estomac et de ses fréquentes maladies, on doit prendre garde, premièrement que l'apôtre ne s'ordonne pas cela à soi-même, et que le disciple aussi ne le demande pas pour soi. En second lieu, que ce n'est pas à un religieux qu'on donne cet ordre, mais à un Evêque, dont la vie était très nécessaire à l'Église qui ne faisait que de naître. C'était un Timothée, et donnez-moi un Timothée, je le nourrirai d'or potable et d'ambre si vous voulez. Mais c'est vous-même qui vous ordonnez ceci, et qui vous accordez cette dispense. J'avoue qu'elle m'est suspecte, et que j'appréhende que la prudence de la chair ne se couvre du nom de discrétion; il semble que depuis que nous devenons religieux, nous commençons tous à avoir l'estomac faible.

Le même saint écrivant sur ce sujet[20] aux religieux de saint Anastase ou des trois Fontaines près de Rome, leur mande: Votre vénérable Abbé (c'était Bernard[21], qui depuis fut le pape Eugène III) m'a demandé une chose que je ne trouve pas bonne. Or, je crois qu'en cela j'ai l'Esprit de Dieu, et que le conseil que je vous donne vient de Dieu. Je sais que vous habitez dans un air malsain, et que plusieurs de vous sont infirmes; mais souvenez-vous de celui qui a dit[22]:'Je me glorifierai de mes infirmités, afin que la vertu de Jésus Christ habite en moi, et lorsque je suis faible, c'est alors que je suis plus fort'.

Je compatis certes, je compatis beaucoup à l'infirmité des corps; mais il faut encore plus craindre celle des âmes. C'est pourquoi il n'est pas expédient ni à votre profession, ni à votre salut de rechercher des remèdes pour conserver la santé. On peut tolérer qu'on se serve quelquefois d'herbes communes, et dont les pauvres peuvent user.

---

[19] 1Tm 6, 23

[20] Epist. 521. dans SBO: Tome VIII: Epistola 345,2; p. 287

[21] Bernard de Pise, moine de Clairvaux, Abbé de Trefontane / Bernhard von Pisa

[22] 2 Co 12, 9-10. Epistol. Fastr. Inter opera sancti Bern. =Lettre CDXL, 4:Trad. Charpentier; tome 2 p. 113.

Denn, wenn man sagt, der hl. Apostel Paulus rate dem hl. Timotheus, wegen seines Magens und seiner häufigen Krankheiten etwas Wein zu nehmen, man erstens beachten muss, dass der Apostel sich das nicht selbst verordnet und dass der Schüler es auch nicht für sich selbst verlangt. Zum anderen ist es nicht ein Mönch, dem das verordnet wird, sondern ein Bischof, dessen Leben sehr gebraucht wurde für die Kirche, die gerade erst zum Leben erwachte. Es war Timotheus, also gebt mir einen Timotheus und ich würde ihn mit flüssigem Gold und Amber nähren, wenn ihr wollt. Aber ihr selbst seid es, die das verordnen, und die sich diesen Dispens gewähren. Ich gestehe, dass der mir verdächtig ist, und dass ich befürchte, die Klugheit des Fleisches versteckt sich unter dem Decknamen der Rücksichtnahme; es scheint, dass wir alle einen empfindlichen Magen bekamen, seit wir Mönche wurden.

Derselbe Heilige bittet die Mönche des hl. Anastasias oder von Tre Fontane bei Rom zu diesem Thema inständig so: Euer ehrwürdiger Abt (das war Bernhard, der dann Papst Eugen III. wurde), hat mich um eine Sache gebeten, die ich nicht gut finde. Aber ich glaube, dass ich hierin Gottes Geist habe, und dass der Rat, den ich euch gebe, von Gott kommt. Ich weiß, dass ihr in ungesunder Luft lebt und dass mehrere von euch krank sind; aber denkt an den, der gesagt hat: „Ich werde mich durch meine Gebrechen verherrlichen, damit die Tugend Jesu Christi in mir wohnt, und wenn ich schwach bin, ich dann umso stärker bin.“

Ich habe bestimmt Mitleid, ja großes Mitleid bei den Krankheiten des Leibes; aber die der Seelen muss man noch mehr fürchten. Deshalb ist es weder eurer Berufung, noch eurem Heil zuträglich, Heilmittel zu suchen, um die Gesundheit zu erhalten. Es ist zulässig, gelegentlich einfache Kräuter zu nehmen, wie sie auch die Armen sich leisten können.

Mais il est indécent à la profession religieuse d'acheter des drogues, et de rechercher les médecins, et de prendre des breuvages de médecine. Cela est contraire à la pureté et surtout ne convient pas à l'honnêteté et à la simplicité de notre Ordre.

On voit quelque chose de semblable dans une lettre que le bienheureux Fastrède, abbé de Clairvaux, disciple de saint Bernard, et qui était rempli de l'esprit de ce grand saint, écrit à un abbé de son Ordre, qui sous prétexte de ses infirmités s'était relâché de l'austérité commune. Vous alléguez, lui dit ce saint homme, que vous êtes sujet à des maux de tête et d'estomac, et que les viandes communes ne vous sont pas saines. Mais vous êtes bien trompé si vous croyez qu'un religieux puisse suivre les régimes de santé que les médecins prescriraient aux personnes du siècle. Car nous sommes venus en religion pour faire souffrir des incommodités à notre corps, et non pas pour lui procurer de la satisfaction ou du plaisir. Croyez-moi, mon Père, j'ai vu souvent saint Bernard manger avec scrupule une liqueur composée de farine, d'huile et de miel, qu'on lui faisait prendre afin d'échauffer son estomac. Et lorsque je l'accusais d'être trop austère, il me répondit: „mon fils, si vous saviez quelle est l'obligation d'un religieux, vous arroseriez de larmes tout le pain et toute la nourriture que vous mangez. Car, nous entrons en religion pour pleurer nous péchés et ceux du peuple.

Et il ne suffit pas à un religieux d'alléguer qu'il est infirme, car nos saints Pères et nos bienheureux prédécesseurs choisissaient des vallées humides et basses pour y bâtir des monastères afin que les religieux étant souvent malades, et ayant la mort présente devant les yeux, y vivent toujours dans la crainte du Seigneur. Si donc les saints cherchent ce qui peut causer des maladies, comment cherchez- vous avec tant de soin ce qui peut contribuer à la santé ?

Aber für Ordensleute ist es unanständig, Medikamente zu kaufen, Ärzte aufzusuchen und Arzneien zu nehmen. Das steht im Widerspruch zur Reinheit und passt vor allem nicht zur Ehrlichkeit und Einfachheit unseres Ordens.

Etwas ähnliches liest man in einem Brief des seligen Fastred, Abt von Clairvaux, Schüler des hl. Bernhard und erfüllt vom Geist dieses großen Heiligen, gerichtet an einen Abt seines Ordens, der sich unter dem Vorwand seiner Krankheit aus der gemeinsamen Strenge herausgelöst hatte. Ihr bringt vor, sagt ihm dieser heilige Mann, dass ihr zu Kopf- und Magenschmerzen neigt, und dass die gemeinsame Nahrung euch nicht bekommt. Aber ihr täuscht euch ordentlich, wenn ihr glaubt, dass ein Mönch dem Gesundheitsregime folgen kann, das die Ärzte den Leuten der Welt vorschreiben. Denn wir sind zum Orden gekommen, um unseren Leib an Unbill leiden zu lassen, und nicht, ihm Zufriedenheit oder Vergnügen zu verschaffen. Glaubt mir, mein Vater, ich sah den hl. Bernhard oft mit Skrupel einen Brei aus Mehl, Öl und Honig essen, den man ihn zu sich nehmen ließ, um seinen Magen zu erwärmen. Und wenn ich ihn tadelte, zu streng gegen sich zu sein, antwortete er mir: „mein Sohn, wenn du wüsstest, welches die Pflicht eines Mönches ist, würdest du alles Brot und die ganze Nahrung die du isst, mit Tränen begießen. Denn wir werden Ordensleute, um über unsere Sünden und die des Volkes zu weinen.

Und bei einem Mönch reicht es nicht vorzubringen, dass er krank ist, denn unsere hl. Väter und unsere seligen Vorgänger wählten feuchte und niedrige Täler, um dort Klöster zu bauen, damit die Mönche oft krank sind und dort immer den Tod vor Augen haben und immer in der Furcht des Herrn leben. Wenn also die Heiligen suchen, was Krankheiten verursachen kann, wieso sucht ihr mit soviel Mühe, was zur Gesundheit beitragen kann?

Pierre de Blois reprend[23] dans le même sentiment la délicatesse des moines de son temps. S'il arrive, dit-il, qu'un religieux s'aperçoive que son

pouls est plus rapide qu'à l'ordinaire, son urine plus échauffée ou qu'il ait moins d'appétit, il consulte les médecins, il recherche des drogues, il fait des électuaires[24], il ne mange plus rien qu'il n'accommode avec du clou de girofle, de la cannelle et de la muscade. Quelle honte à un homme qui doit s'élever sans cesse dans les choses du ciel, de s'abaisser de la sorte dans celles de la terre ! Il faut avouer qu'un tel religieux n'est pas disciple de Jésus Christ mais d'Épicure. Cela est mauvais pour les yeux, dit-il, cela est contraire à l'estomac, cela nuit au foie, le beurre se corrompt, la bière cause des vents, les choux sont mélancoliques, les poireaux échauffent la bile, les pois donnent la goutte, les fèves resserrent, les lentilles nuisent à la vue, le fromage ne vaut rien du tout. L'oraison quand elle est longue débilite les nerfs, les jeûnes troublent le cerveau, les veilles dessèchent. Enfin on ne trouve pas ces différences dans l'Evangile, ni dans les prophètes.

On ne les apprend pas non plus dans la Règle de saint Benoît, mais la chair et le sang les inspirent aux moines relâchés. *Si invenerit Religiosus circa se, aut pulsum velocem, aut urinam incensam, aut hebetem appetitum, consulit medicas, examinat species, electuaria facit, nullis utitur salsamentis qua non sunt condita ex cinnamomo et gariophilla et nuce muscata... Religiosus talis discipulus potius est Epicuri quam Christi. Hoc capiti; inquit, hoc oculis, hoc stomacho, hoc epati nocet, butirum convertibilis est natura; cervisia ventos facit, caules melancholici sunt, porri colera accedunt; pisa guttam generant, faba constipat, lentes excœcant, caseus universaliter est pessimus. Diu ad orationem stare nervos debilitat, jejunare cerebrum turbat; vigilare dessicat,*

[23] Compendium in Job, c.13

[24] En vieux français: préparation pharmaceutique de consistance molle composée de poudres incorporées à du miel ou à du sirop. / pharmaz. Mischung weicher Konsistenz aus Pulvern mit Honig oder Sirup

Petrus von Blois tadelt mit ähnlichem Urteil die Verweichlichung der Mönche seiner Zeit. Wenn es geschieht, sagt er, dass ein Mönch bemerkt, dass sein Puls schneller als gewöhnlich geht, sein Urin erhitzt ist oder er weniger Appetit hat, befragt er die Ärzte, sucht Heilmittel, macht Latwergen, isst nur noch das, was mit Nelkengewächs, Zimt und Muskat zubereitet ist. Welche Schande für einen Mann, der sich unaufhörlich in himmlischen Dingen erheben muss, sich dieserart in jene der Erde zu erniedrigen! Man muss zugeben, dass ein solcher Mönch nicht Schüler Jesu Christi sondern des Epikur ist. Das ist schlecht für die Augen, sagt er, es widersteht dem Magen, schadet der Leber, die Butter macht übel, das Bier ist Ursache der Winde, der Kohl bewirkt Schwermut, die Lauche erhitzen die Galle, die Erbsen verursachen Gicht, die Bohnen ziehen zusammen, die Linsen schaden dem Sehen, der Käse ist gar nichts wert. Das lange Beten schwächt die Nerven, das Fasten bringt das Gehirn durcheinander, die Nachtwachen trocknen aus. Schließlich findet man diese Unterschiede weder im Evangelium, noch bei den Propheten.

Man lernt sie auch nicht in der Regel hl. Benedikt, aber Fleisch und Blut geben sie den lässigen Mönchen ein. *Wenn ein Ordensmann bei sich selbst einen erhöhten Pulsschlag, erhitzten Harn oder einen schwachen Appetit feststellt, befragt er die Ärzte, probiert Gewürze aus, macht sich Latwergen, verwendet keine Fischlake, die nicht mit Zimt, Gewürznelken und Muskatnuss zubereitet ist... Ein solcher Ordensmann ist eher ein Jünger Epikurs denn ein Jünger Christi. Dies, so sagt er, schadet dem Kopf, das den Augen, dies dem Magen und das der Leber, die Butter ist durch ihre Beschaffenheit verderblich, das Bier verursacht Blähungen, die Kohlstengel bewirken Schwermut, der Lauch greift den Hals an, Erbsen erzeugen Gicht, die Bohne verursacht Verstopfung, die Linse macht blind, Käse ist insgesamt sehr schlecht. Lange zum Gebet zu stehen schwächt die Nerven, Fasten bringt das Gehirn durcheinander, Nachtwachen führen zum Austrocknen.*

nunquid inveniuntur differentiæ ista in Evangelio,aut prophetis? Certe non habet hoc institutio sancti Benedicti, sed miseris hoc revelat caro et sanguis.

Saint Pierre, abbé de Cluny, écrit quelque chose sur cette matière qui ne doit pas être oublié[25]; il parle à ses nièces. Voici ce qu'il leur dit: „J'ai lu vos lettres, j'ai vu la part que vous prenez à mon incommodité, et comme quoi vous essayez de me soulager, non seulement par l'assistance de vos prières, mais encore par les secours des remèdes naturels. J'ai la reconnaissance possible de cette sollicitude si pieuse et de cette affection si cordiale que vous me témoignez. Mais je vous avoue que je suis surpris que des Vierges, disciples de Jésus Christ, pensent aux règles et aux maximes d'Hippocrate et que des filles de Jérusalem trafiquent des marchandises de Babylone.

Je ne condamne pas absolument les remèdes de la médecine qui guérissent souvent les maladies et les infirmités des corps, sachant qu'il est écrit[26] que la médecine a été donnée aux hommes par le Très-Haut et que Jésus Christ a dit[27] que ceux qui se portent bien n'ont pas besoin de médecin, mais seulement ceux qui sont malades. Cependant je trouve à redire, que des personnes qui doivent être ennemies de la nature, meurtrières de leur propre chair, crucifiées avec le crucifié, se mettent en peine de l'état et de la disposition des corps, s'occupent de la vie et des moyens de la conserver. Ne vous souvenez-vous plus de cette parole si remarquable de sainte Agathe, vierge ? Je ne me suis jamais servie d'aucuns remèdes de la médecine, *medicinam carnalem corpori meo numquam adhibui*. Est-ce qu'elle était seule servante, et seule épouse de Jésus Christ ? Ne l'êtes-vous pas aussi bien qu'elle ?

[25] Peter. venerabile Abb. Clun. Lib. 6. Epist 39
[26] Si 38, 1-13
[27] Mt 9, 12

Werden diese Unterschiede etwa im Evangelium oder bei den Propheten vorgefunden? Sicherlich findet man dies auch nicht in der Regel des heiligen Benedikt, aber Fleisch und Blut geben das den Unglücklichen ein.

Der hl. Peter, Abt von Cluny, schreibt etwas zu diesem Thema, das nicht vergessen werden darf; er spricht mit seinen Nichten. Dies sagt er ihnen: „Ich habe eure Briefe gelesen, ich sah eure Anteilnahme an meinem schlechten Zustand, und wie ihr versucht ihn zu lindern, nicht nur durch euer Gebet, sondern auch mit der Hilfe natürlicher Heilmittel. Ich anerkenne diese so fromme Fürsorge und diese so herzliche Zuneigung, die ihr mir bezeugt. Aber ich gestehe euch, dass mich überrascht wie Jungfrauen, Jüngerinnen Christi, die Regeln und Anleitungen des Hippokrates bedenken und die Töchter Jerusalems mit Babylons Waren handeln.

Ich verurteile die Heilmittel der Medizin nicht unbedingt, die oft die Krankheiten und die Gebrechen der Körper heilen, weil ja geschrieben steht, dass die Medizin den Menschen von oben gegeben wurde und dass Jesus Christus gesagt hat, dass jene, die sich gut verhalten, keinen Arzt benötigen, sondern nur jene, die krank sind. Jedoch möchte ich wiederholen, dass Personen die gegenüber der Natur feindlich sein müssen, Mörder ihres eigenen Fleisches, gekreuzigt mit dem Gekreuzigten, sich kaum Sorgen machen um Zustand und Wohlergehen ihres Leibes, sich befassen mit dem Leben und den Mitteln es zu bewahren. Erinnert ihr euch nicht an dieses so bemerkenswerte Wort der hl. Jungfrau Agathe? Ich habe nie irgendwelche Heilmittel der Medizin benutzt, *ich habe nie eine weltliche Arznei für meinen Körper verwendet.* War sie vielleicht nur Dienerin und Braut Christi? Seid ihr nicht genauso gut wie sie?

Car quoi qu'elle fût Vierge et Martyre d'une manière plus noble et plus élevée, cependant votre condition n'a rien de contraire à la sienne puisque vous servez Jésus Christ par une espèce de martyre et que vous embellissez le champ de son Église par la gloire et par l'éclat de votre virginité ".

Sainte Thérèse, parlant dans ce même esprit à ses filles leur dit[28]: „Il semble que quelques unes d'entre nous ne soient venues pour un autre sujet en religion que pour faire en sorte de ne point mourir. Chacune travaille à ceci comme elle peut. Mais faites état, mes sœurs, que vous venez afin de mourir pour Jésus Christ; car le diable nous met cela en l'esprit, nous persuadant que c'est pour bien supporter et garder fidèlement la Règle et l'Observance de l'Ordre.

Et enfin on veut tant garder l'Ordre, en prenant soin de la santé, qu'on meurt sans l'accomplir entièrement un mois, ni possible un jour. Ces deux choses ne s'accordent pas bien ensemble: d'être pauvres et d'être bien traitées. On doit pratiquer la patience touchant certains maux légers qu'on peut endurer sans se mettre au lit et sans tuer tout le monde à son sujet. Souvenons-nous des saints. Pères ermites nos ancêtres, dont nous prétendons imiter la vie; combien doivent-ils avoir enduré de douleurs, et cela dans la solitude ? Combien de froid, de faim, de soleil et de chaleur, sans avoir à qui se plaindre sinon à Dieu ? Pensez-vous qu'ils étaient de fer ? Non, non, ils étaient revêtus d'une chair sensible et mortelle comme la nôtre. Et croyez, mes filles, qu'en commençant à dompter ces corps, ils ne vous importunent plus tant. Que si nous ne nous déterminons d'engloutir tout d'un coup la mort et le manque de santé, jamais nous ne ferons rien. Tâchez de n'avoir point d'appréhension de cela, et livrez-vous avec résignation entre les mains de Dieu. Qu'importe-t-il que nous mourions ? Combien de fois ce corps s'est-il moqué de nous ?

[28] Chemin de perfection, ch. 10. Œuvres complètes: Edit. Fayard 1963: pp. 291... Edit. du Seuil 1949: pp. 632…

Denn obwohl sie in einer viel edleren und höheren Art Jungfrau und Märtyrerin war, so ist eure Lage doch keineswegs entgegen der ihren, da ihr Jesus Christus durch eine Art Martyrium dient und das Feld seiner Kirche durch die Ehre und den Glanz eurer Jungfräulichkeit verschönt".

Die hl. Theresia, die in demselben Sinn mit ihren Töchtern spricht, sagt ihnen: „Es scheint, dass einige unter uns nur zu dem Zweck in den Orden gekommen sind, um auf keinen Fall zu sterben. Jede arbeitet daran so gut sie kann. Aber meine Schwestern, macht euch klar, dass ihr gekommen seid, um für Jesus Christus zu sterben; denn das gibt uns der Teufel ein, indem er uns überredet, es sei um die Regel und Observanz des Ordens gut zu halten und getreu zu befolgen."

Und schließlich will man die Regel aus Sorge um die Gesundheit sosehr bewahren, dass man stirbt ohne sie je einen Monat genau zu halten, möglicherweise sogar noch nicht mal einen Tag. Diese zwei Dinge stimmen nicht zusammen: arm zu sein und verschont zu werden. Man muss Geduld üben bei gewissen leichten Übeln, die erträglich sind, ohne sich zu Bett zu legen und ohne alle anderen mit seinem Problem zu belästigen. Erinnern wir uns an die Heiligen. Eremitenväter waren unsere Vorfahren, deren Leben nachzuahmen wir vorgeben; was müssen sie an Schmerzen ausgehalten haben und dazu noch in der Einsamkeit? Wie viel Kälte. Hunger, Sonne und Hitze ohne jemand klagen zu können ausser Gott allein? Glaubt ihr etwa, sie waren aus Eisen? Nein, nein, sie waren von empfindlichem, sterblichem Fleisch wie wir. Und glaubt, meine Töchter, wenn man beginnt den Leib zu zähmen, wird er uns nicht mehr so sehr belästigen. Denn wenn wir uns nicht entscheiden, Tod und Gesundheitsmängel auf einmal zu verschlingen, werden wir es nie erreichen. Versucht, kein bisschen Angst davor zu haben sondern lasst Euch in Gottes Hände fallen. Was soll's schon, wenn wir sterben? Wie oft hat der Leib sich über uns lustig gemacht?

Ne nous moquerons-nous point de lui une fois ? Croyez-moi, cette résolution est de plus grande conséquence que nous ne pouvons penser, car, faisant cela peu-à-peu, nous en deviendrons les maîtres “.

Vous voyez, mes frères, avec quel tempérament et à quelles conditions les saints ont toléré dans les religieux l’usage des remèdes. Vous voyez l’éloignement qu’ils ont eu de leur permettre des soulagements qui ne seraient pas dans la simplicité de leur état et que leur indulgence n’a été qu’à souffrir qu’ils usent dans leurs infimités de ceux qui sont vils, communs et qui peuvent convenir à des personnes qui doivent vivre dans une pauvreté exacte.

Vous voyez qu’ils ont condamné la rechercher des remèdes qu’on ne saurait avoir qu’avec peine et avec dépense, la confiance que l’on y met, les soins que les religieux prennent d’eux-mêmes, leur empressement à tout ce qui les tient occupés à la nourriture et au traitement de leurs corps; qu’ils ont voulu que dans tous les temps, ils soient également détachés de la vie et que dans la maladie aussi bien que dans la santé, ils conservent un même esprit de rigueur et de pénitence. Et qu’ils ont estimé qu’il y avait des maux dans lesquels on ne devait point user des secours de la médecine.

Si l’on s’en tient à ces maximes, si ces règles sont exactement observées, la discipline des monastères ne souffrira point de dommage; la régularité n’en sera point affaiblie par l’usage des remèdes, et particulièrement si les religieux malades n’entrent point dans l’occupation de ce qui les regarde; et si tout se conduit sans leur participation et par l’ordre, la prudence et la charité des supérieurs.

Können wir nicht einmal ihn zum Narren halten? Glaubt mir, dieser Entschluss hat grössere Folgen als wir denken, denn in dem wir Schritt für Schritt beginnen, werden wir Meister darin“.

Ihr seht, meine Brüder, unter welchen Bedingungen die heiligen Urväter bei den Mönchen die Benutzung von Arzneien gestattet haben. Ihr seht, dass sie davon Abstand genommen haben, ihnen Erleichterungen im Krankheitsfall zu erlauben, die der Einfachheit ihres Standes nicht angemessen sind, und dass ihre Nachsicht darin bestand zu dulden, nur solche Medikamente zu benutzen, die billig und allgemein üblich sind und zu Personen passen, die in echter Armut leben müssen.

Ihr seht, dass sie bei den Mönchen die Sorge um sich selbst verurteilt haben, auch deren Eifer, der sie in Sachen Ernährung und Körperpflege ganz in Beschlag nimmt. Sie wollten, dass Mönche zu keiner Zeit an ihrem Leben kleben und gesund oder krank den gleichen Geist der strengen Lebensführung und der Buße bewahren. Und dass sie der Ansicht waren, dass es Krankheiten gibt, in denen man die Hilfen der Medizin nicht in Anspruch nehmen dürfte.

Wenn man sich an diese Grundsätze hält, wenn diese Regeln genau befolgt werden, wird die Disziplin in den Klöstern keinen Schaden leiden; die Regeltreue wird dann auch nicht durch den Gebrauch von Heilmitteln geschwächt und insbesondere, wenn die kranken Ordensleute sich nicht damit zu sehr beschäftigen, was sie betrifft; und wenn alles sich leitet ohne ihre Beteiligung und durch die Regel, die Weisheit und das Mitgefühl der Oberen.

Question III

N'est-il donc pas permis à des religieux quand ils sont malades de demander des remèdes et de prendre soin eux-mêmes de ce qui peut contribuer au rétablissement de leur santé ?

Réponse

Les religieux peuvent bien recevoir les remèdes que le supérieur leur présente, mais non pas en désirer. Il faut qu'ils les acceptent, mais non pas qu'ils les demandent. Comme ils ont renoncé par leurs vœux aux droits qu'ils avaient sur leurs personnes, et que leur propre corps n'est plus dans leur pouvoir[29]: *Quippe quibus nec corpora sua, nec voluntates licet habere in propria potestate*, ce n'est plus à eux à disposer d'eux-mêmes. Ils doivent en toutes choses attendre les volontés de celui auquel l'ordre de Dieu les a soumis, et particulièrement dans les maladies. Car c'est pour lors que les tentations sont plus à craindre, et qu'ils ont plus besoin de direction et de conduite. La nature est ébranlée, l'amour propre plus excité, l'âme plus amollie par la présence sentie (ressentiment) du mal. Et à moins qu'un religieux n'ait une piété solide et une vertu constante, il est uniquement appliqué à lui-même, il ne se voit que comme malade. Il oublie qu'il est pénitent, il ne considère que ce que la maladie et la douleur lui demandent, et non pas ce que la sainteté de sa profession lui défend. De sorte que si dans cet état, il a la liberté de se conduire, il ne se rassasiera jamais de médecins ni de remèdes.

Il passera toutes les règles de sa profession, il abandonnera sans scrupule son âme pour le soulagement de son corps, au scandale, et peut-être à la perte, de tous ses frères.

[29] RB 33

FRAGE III

Ist es den Ordensleuten bei Krankheit nicht erlaubt, Heilmittel zu erbitten und selbst dafür zu sorgen, was zur Wiederherstellung ihrer Gesundheit zuträglich ist?

Antwort

Ordensbrüder können sehr wohl Arzneimittel nehmen, die der Abt ihnen anbietet, dürfen aber nicht nach ihnen verlangen. Sie sollen sie akzeptieren, aber nicht einfordern. Weil sie durch ihre Gelübde auf ihre Rechte verzichtet haben, die sie in Bezug auf ihre Person hatten, und ihr eigener Leib nicht mehr in ihrer Macht ist:..- *denn ihnen ist es nicht erlaubt, weder den eigenen Leib noch den eigenen Willen in eigener Macht zu haben* - ...können sie nicht mehr von sich aus darüber verfügen. Sie müssen in Allem bereit sein, dem Willen dessen zu folgen, dem Gottes Befehl sie unterstellt hat, und dies ganz besonders im Krankheitsfall, denn dann sind die Versuchungen mehr zu fürchten und sie haben Leitung und Führung nötig. Die Natur ist aus den Fugen geraten, die Selbstliebe stärker aktiviert, die Seele geschwächt unter dem Eindruck des Grolls, und, wenn ein Ordensbruder nicht über eine solide Frömmigkeit und standhafte Tugend verfügt, dann ist er nur mit sich selbst beschäftigt und sieht sich nur noch als Kranker, übersieht dabei jedoch, dass er ein Büßer ist. Er zieht nur das in Betracht, was Krankheit und Schmerz ihm abverlangen, und nicht das, was ihm die Heiligkeit seiner Berufung verbietet. Wenn er freie Verfügungsgewalt über sich hat, wird er der Medikamente und Heilmittel nie genug haben, er wird sich über die Regeln seines Standes hinwegsetzen und ohne Bedenken seine Seele der körperlichen Genesung opfern.

Er wird alle Regeln seines Berufs übertreten, er wird seine Seele bedenkenlos opfern zur Erleichterung seines Leibes, zum Ärgernis und vielleicht unter Verlust all seiner Brüder aufgeben.

Secondement, si un religieux pense de lui-même ce qu'il est obligé d'en penser; s'il se juge avec autant de sévérité qu'il doit faire, s'il est dans la disposition dans laquelle était saint Bernard lorsqu'il se considérait comme un homme charnel et esclave du péché: c'est-à-dire s'il est véritablement religieux (car il ne l'est qu'en imagination s'il ne se regarde comme un pécheur de profession et d'effet), bien loin de désirer des remèdes lorsque Dieu lui enverra des maladies, et de penser à sa guérison, il les recevra comme des punitions qu'il a méritées, comme des châtiments des offenses qu'il a commises. Il demeurera dans le silence comme un Lazare à l'égard des hommes. Mais, en même temps il ne manquera pas d'adresser à Dieu comme un autre Job, et de lui dire dans la plénitude de son cœur: *Qui cœpit, ipse me conterat, solvat manum suam, et succidat me, et hæc mihi sit consolatio, ut affligens me dolore non parcat, nec contradicam sermonibus sancti*[30]. Que s'il lui plait d'achever ce qu'il a commencé, s'il veut le frapper de toute la force de son bras et le réduire en poussière, il ne lui arrivera jamais de contredire à ses volontés. Ainsi se croyant indigne de toute assistance humaine, il ne préviendra point sa guérison ni par ses désirs, ni par ses inquiétudes. Et il n'aura point d'autre pensée que celle de se tenir dans la dépendance de Dieu, de suivre tous les mouvements de sa providence, et d'attendre purement de sa main le changement de son état.

Troisièmement, le Fils de Dieu qui est descendu sur la terre pour nous ouvrir les portes du ciel, n'a point trouvé d'autre voie plus propre pour accomplir ses desseins éternels, que celle des croix et des souffrances. Il s'y est volontairement engagé, afin de nous mettre devant les yeux un modèle qui nous puissions suivre. Afin de nous exciter par son exemple et afin d'obtenir de son Père qu'il reçoive et qu'il agrée nos souffrances par le mérite des siennes, comme un sacrifice de bénédiction pour l'expiation de nos péchés, il s'est livré dans cette vue à des tourments et des confusions infinies.

---

[30] Jb 6,9-10 / Ijob 6,9-10

Zweitens, wenn ein Mönch über sich selbst denkt, was er zu denken verpflichtet ist, wenn er sich mit dem nötigen Ernst beurteilt, wenn er in der Verfassung ist, in der sich der Hl. Bernhard befand als er sich als lüsterner Mensch und Sklave der Sünde ansah, d.h. wenn er wahrhaft ein Mönch ist – er bildet sich nur ein, ein solcher zu sein, wenn er sich nicht von Standes wegen und in Wirklichkeit als Sünder betrachtet – wird er, weit davon entfernt, nach Heilmitteln zu verlangen und an seine Heilung zu denken, wenn Gott ihm Krankheiten schickt, diese als verdiente Strafe entgegennehmen, als Sühne für begangene Sünden. Wie ein Lazarus wird er vor den Menschen in Schweigen verharren. Aber gleichzeitig wird er nicht darauf verzichten, sich wie ein zweiter Hiob an Gott zu wenden und zu ihm aus vollem Herzen rufen: *Wer angefangen hat, der soll mich zermalmen, er soll seine Hand ausstrecken und mich niederhauen, und dies soll mir ein Trost sein, dass er mich peinige mit Schmerzen und mich nicht verschone, und ich nicht widerspreche den Worten des Heiligen.* Wenn es Ihm gefällt, das Begonnene durchzuführen, mit der ganzen Kraft Seines Armes zu Staub zu zermalmen, wäre es ihm nie in den Sinn gekommen, Seinem Willen zu widersprechen. Er wird keinen anderen Gedanken hegen als den, in der Abhängigkeit von Gott zu verbleiben, dem Walten Seiner Vorsehung zu folgen und einzig und allein aus Seiner Hand eine Veränderung seines Zustandes zu erwarten.

Drittens: Gottes Sohn, der auf die Erde hinab gestiegen ist, um uns die Tore des Himmels zu öffnen, hat keinen geeigneteren Weg gefunden, seinen ewigen Ratschluss zu verwirklichen, als den, Kreuz und Leiden auf sich zu nehmen. Aus freiem Willen hat er diesen Weg eingeschlagen, um uns ein Modell vor Augen zu stellen, dem wir folgen können, des weiteren um uns durch sein Beispiel anzutreiben und von seinem Vater die Gnade zu erwirken, dass Er dank seiner Leiden unsere als ein segensreiches Opfer zur Sühne unsere Sünden huldvoll annimmt.

Il a préféré une mort pleine de douleur et de honte à toutes les joies et les félicités d'ici-bas: *Proposito sibi gaudio sustinuit crucem, confusione contempta*[31]. Il nous a ouvert l'entrée de son royaume par la grandeur et la violence de son martyre et présentement, il a soin de nous donner les moyens pour nous acquitter de l'obligation dans laquelle nous sommes d'imiter sa vie laborieuse et pénitente, par les peines, les afflictions, les maladies, et les douleur et les maux différents qu'il permet qui nous arrivent.

Quelle honte, dit saint Cyprien[32], à un chrétien qui, n'étant qu'un serviteur refuse de souffrir, voyant que son Maître et son Seigneur voulu souffrir le premier, et que nous ne puissions nous résoudre à souffrir pour nos propres péchés, après que celui qui n'en a jamais commis, a bien voulu souffrir pour les nôtres. Le Fils de Dieu s'est soumis aux souffrances afin de nous rendre enfants de Dieu; et le fils d'un homme ne veut rien souffrir afin de ne pas perdre cette qualité d'enfant de Dieu qui lui a été donnée: *quam vero gravis sit causa hominis christiani, servum pati nolle, cum passus sit prior Dominus. Et pro peccatis nostris nos pati nolle, cum peccatum non habens, passus sit pro nobis. Filius Dei passus est, ut nos filios Dei faceret, et filius hominis pati non vult, ut esse Dei filius perseveret.*

Que ceux qui manquent de foi ou de lumières regardent les maladies comme des malheurs, et comme des coups d'une mauvaise fortune; qu'ils s'en fâchent et qu'ils s'en affligent; qu'ils fassent ce qu'ils pourront pour les éviter. Mais pour vous, mes frères, qui vivez de la foi, que Dieu nourrit de sa parole, qu'il a instruits des vérités saintes qu'il a apprises de son Père; qui par un privilège spécial attaché à votre profession, êtes consacrés à sa croix;

---

[31] He 12, 2 / Hebr 12, 2

[32] Cyprien: Ep. 6. c.4 / Nach der Zählung einer lateinischen Ausgabe und der Zählung in der „Bibliothek der Kirchenväter“, ist es Brief 58, Kap. 6.

Er zog einen Tod vor, voller Schmerz und Scham wegen aller Freuden und irdischen Glückseligkeit: *Für die vor ihm liegende Freude erduldete er das Kreuz und verachtete die Schmach.* Er öffnete uns das Tor zu seinem Königreich durch die Größe und Macht seiner Leiden und ist nun besorgt, uns die Mittel zu geben, dass wir unserer Pflicht nachkommen können, die uns aufgibt, sein mühevolles und reuevolles Leben nachzuahmen, durch die Leiden, den Kummer, die Krankheiten, den Schmerz und die anderen Übel, die er uns zukommen lässt.

Welche Schande, sagt der hl. Cyprian zu einem Christen, der wie ein Diener das Leiden ablehnt, als er sieht, dass sein Meister und Herr dies erleiden wollte, und dass wir uns nicht entscheiden können, für unsere eigenen Sünden zu leiden, wo doch jener, der niemals solche begangen hat, sehr wohl für die unsrigen leiden wollte. Gottes Sohn hat sich dem Leiden unterworfen, um uns wieder zu Gottes Kindern zu machen; und der Sohn eines Menschen will nichts leiden, um diese Gotteskindschaft zu erhalten, die ihm geschenkt *wurde. Welchen ernsthaften Hinderungsgrund jedoch sollte es für einen Christenmenschen geben, nicht als Diener (Christi) leiden zu wollen, obwohl doch der Herr zuerst gelitten hat und für uns gelitten hat, obwohl er keine eigene Sünde hatte? Gottes Sohn hat gelitten, um uns zu Kindern Gottes zu machen. Und der Sohn von Menschen will nicht leiden, um weiterhin Kind Gottes zu bleiben?*

Jene, die im Glauben schwach sind, betrachten die Krankheiten wie ein Unglück und wie Schläge eines bösen Schicksals. Sie ärgern und quälen sich dessen und tun was sie können, um ihm zu entgehen. Aber ihr, meine Brüder, die ihr vom Glauben lebt, dass Gott uns durch Sein Wort (= Logos, Seinen Sohn) am Leben erhält; ihr, die Er in den heiligen Wahrheiten unterwiesen hat, die Er von Seinem Vater erhielt, die ihr durch ein mit eurem Stand verbundenes besonderes Privileg seinem Kreuz geweiht seid,

qui pouvez dire avec le saint apôtre[33]: *Stigmata Domini Jesu in corpore mei porto*. „Je porte dans mon corps les caractères de la passion de Jésus Christ“, pourriez-vous ne pas considérer ces accidents comme des occasions précieuses des effets de cette vigilance et de cette application paternelle qu'il a sur les élus ? Pourriez-vous, dis-je, ne pas les souffrir, non seulement avec résignation et sans murmure, mais même dans le sentiment d'une joie vive et d'une reconnaissance sincère ?

La gloire de tous les chrétiens est celle de Jésus Christ, et comme il n'en a point connu dans ce monde que celle de s'offrir incessamment comme une victime à Dieu son Père pour l'exaltation de son saint nom, il n'y en a point aussi d'autre pour nous, que de nous offrir comme lui dans la même fin et dans le même esprit.

Il a fait dépendre le bonheur qu'il prépare à ceux qui vivront et mourront dans son amour et dans son service, de la fidélité de leur pénitence. Il a voulu qu'ils partagent ses peines et ses travaux avant que de partager son repos et sa béatitude et qu'ils commencent dans le temps cette conformité bienheureuse qu'ils devaient avoir avec lui dans toute l'éternité. Ainsi nos infirmités, nos maladies et nos douleurs sont tout ensemble les remèdes de nos péchés, des effets des jugements de Dieu, des marques de notre réconciliation avec lui, et des assurances de nos couronnes.

Jugez de tout cela quelle doit être la disposition d'un vrai solitaire quand Dieu le visite par les maladies et par les douleurs. Il se tient à son égard d'une manière toute passive; il veut être malade puisque sa volonté est qu'il le soit, il reçoit de sa main avec bénédiction cette conduite de bonté et de justice. Il craindrait de se tirer de son ordres s'il faisait un pas de lui-même pour sa guérison.

---

[33] Ga 6, 17 / Gal 6,17

die ihr mit dem heiligen Apostel sagen könnt*: Ich trage die Wundmale Jesu an meinem Leib* könntet ihr jene Widerfahrnisse nicht als kostbare Gelegenheiten, als Wirkungen Seiner Obhut und Seiner väterlichen Zuwendung erkennen, die Er Seinen Auserwählten zuteil werden lässt? Könntet ihr, sage ich weiter, sie nicht erleiden, nicht nur mit Ergebenheit und ohne Murren, sondern sogar mit einem Gefühl lebhafter Freude und aufrichtiger Dankbarkeit?

Die Ehre aller Christen ist die Ehre Jesu Christi. Und da Er in dieser Welt nur die Ehre erfahren hat, zum Lobe seines Namens sich als Opfergabe für Gott Seinen Vater darzubringen, gibt es auch für uns keine andere als uns wie Er zum gleichen Ziel und in der gleichen Gesinnung aufzuopfern.

Er hat die Glückseligkeit, die Er denen bereitet, die in der Liebe zu Ihm und in Seinem Dienst leben und sterben werden, von der beständigen Bußfertigkeit abhängig gemacht; Er wollte, dass man Seine Leiden und Mühsale teilt, bevor man Anteil an Seinem Frieden und Seiner Glückseligkeit erhält. Während Seines Erdenlebens sollen die Ordensbrüder mit diesem selig machenden Gleichwerden beginnen, welches sie mit Ihm für die ganze Ewigkeit teilen sollen. So sind unsere Krankheiten und Schmerzen im Ganzen Heilmittel gegen unsere Sünden, Auswirkungen des göttlichen Urteils, Zeichen unserer Versöhnung mit Ihm und sichere Wege zur Erlangung der himmlischen Krone.

Bildet euch aus all dem ein Urteil darüber, welche die Einstellung eines echten Mönches sein soll, den Gott mit Krankheiten und Schmerzen heimsucht. Ihm gegenüber verhält er sich ganz geduldig; er will krank sein, weil Er es so will; aus Seiner Hand empfängt er erfüllt von Glück diese Fügung der Güte und Gerechtigkeit. Er würde vielleicht fürchten, sich seiner Ordenspflicht zu entziehen, wenn er von sich aus Schritte zu seiner Genesung unternähme.

Il reçoit ce qui lui vient de la part de son supérieur comme de Dieu même, et ainsi l'on ne voit dans les soulagements dont il use que des actes de son obéissance, et jamais de ses inclinations.

Il est certain qu'il n'y a rien de moins supportable que de voir un religieux qui ne doit plus être mis au nombre des vivants, se donner des soins et de l'inquiétude pour s'empêcher de mourir. Il n'est plus du monde, et néanmoins il a tout autant de peine à le quitter, que s'il était abîmé dans ses affaires et dans ses plaisirs. Il ne vit que pour se préparer à la mort, et il est troublé de crainte lorsqu'elle se montre, et fait tout ce qui lui est possible pour en éloigner les moments. Il ne doit rien aimer des choses d'ici-bas, et Dieu doit être l'unique objet de son amour, cependant il ne peut se résoudre d'aller à lui lorsqu'il l'appelle. Il n'y a point de moyens dont il ne se serve pour différer: il fuit de devant sa face comme un criminel devant son juge. Il n'y paraît qu'à regret parce qu'il y est contraint et qu'il n'est pas dans son pouvoir de l'éviter. Quel amour est celui que nous portons à Jésus Christ ? dit saint Augustin[34] nous ne rougissons point, mes frères, de craindre qu'il vienne, nous l'aimons à ce que nous disons, et nous appréhendons de le voir; *Qualis est amor Christi, timere ne veniat ? fratres, non erubescimus, amamus ?et timemus ne veniat.*

Tous les chrétiens, dans le sentiment des saints, ceux qui sont dans les engagements du monde comme ceux qui n'y sont pas, doivent aller avec joie au devant de la mort et regarder les maladies comme des voies nécessaires et des dispositions qui précèdent la venue de leur Créateur.

[34] In Ps. 95. In: Enarratio; SAAOO Tom.IV 2; Col. 1484 A; Paris 1836

Was ihm von Seiten seines Oberen zuteil wird, empfängt er wie von Gott selbst. Deshalb sind Linderungen, die er erfährt, nur als Akte seines Gehorsams anzusehen, nie aber als solche seiner Neigungen.

Sicherlich gibt es nichts Unerträglicheres als zu sehen, wie ein Ordensbruder, der eigentlich nicht mehr zu den Lebenden gezählt werden darf, sich ängstlich bemüht zu verhindern, dass er stirbt. Er ist nicht mehr von dieser Welt und trotzdem leidet er genauso darunter, sie zu verlassen, als ob er im Abgrund ihrer Geschäftigkeit und Vergnügungssucht versunken sei. Er lebt nur, um sich auf den Tod vorzubereiten und ist angstvoll beunruhigt, wenn er sich zeigt, und tut alles, was er kann, um dessen Zeitpunkt hinauszuzögern. Er soll nichts von den irdischen Dingen lieben und Gott soll das einzige Objekt seiner Liebe sein; trotzdem kann er sich nicht entschließen zu Ihm zu gehen, wenn Er ihn ruft; dabei gibt es überhaupt keine Mittel, derer er sich bedient, um einen Aufschub zu erwirken, er flieht vor Seinem Angesicht wie ein Übeltäter vor seinem Richter. Vor Ihm erscheint er widerstrebend, weil er dorthin gezwungen wird und es nicht in seiner Macht stand, den Tod zu vermeiden. Welche Liebe bringen wir Jesus Christus entgegen? sagt der hl. Augustinus. Wir schämen uns, meine Brüder, gar nicht der Furcht vor Seinem Kommen; wir lieben Ihn mit unseren Worten, haben aber Furcht, Ihm zu begegnen. *Was ist das für eine Liebe zu Christus, wenn wir fürchten, dass er kommt? Brüder, schämen wir uns nicht? Wir lieben ihn und fürchten, dass er kommt.*

Nach Ansicht der heiligen Urväter müssen alle Christen, diejenigen, die den weltlichen Dingen nachgehen und diejenigen, die es nicht tun, mit Freude dem Tod entgegengehen und Krankheiten als notwendige Wege und Befindlichkeiten ansehen, die dem Kommen ihres Schöpfers vorausgehen.

Néanmoins, s'il arrive en cela quelque faiblesse à ceux qui vivent dans le siècle, ils sont assurément plus excusables. Car ils peuvent dire[35]: *villam emi..., Juga boum emi; uxorem duxi, et ideo non possum venire.* Ce sont des prétextes qui on quelque couleur et quelque apparence. Mais pour les moines que Jésus Christ a affranchis de cette servitude, dont il a rompu toutes les chaînes, et qu'il a mis dans la liberté des enfants, il n'y a plus ni bonnes ni mauvaises raisons qu'ils puissent alléguer.

L'envie qu'ils ont de vivre, ce désir de remèdes, cette application inquiète à chercher ce qui peut prolonger leurs jours, sont des effets du désordre de leurs consciences et de la corruption de leur cœur. Ce sont des marques que leur foi et leur charité est toute morte, et qu'ainsi la couronne destinée, selon l'apôtre[36], à ceux qui aiment l'avènement de Jésus Christ n'est point pour eux.

[35] Lc 14, 18-20 / Lk 14, 18-20
[36] 2 Tm 4, 8

Wenn es dennoch vorkommt, dass die, die in der Welt draußen leben, in diesem Zusammenhang Schwäche zeigen, sind sie sicherlich eher zu entschuldigen, denn sie können sagen: *„ich habe einen Acker gekauft ... ich habe Ochsengespanne gekauft ... ich habe eine Frau geheiratet...; deshalb kann ich nicht kommen“.* Das sind Vorwände, die eine gewisse Berechtigung haben und nachvollziehbar sind. Aber für die Mönche, die Jesus Christus von dieser Knechtschaft, deren Ketten er zerbrochen hat, befreit hat und sie in die Freiheit der Kinder Gottes geführt hat, gibt es weder gute noch schlechte Gründe, die sie ins Feld führen können.

Die Lust nach dem Leben, jenes Verlangen nach Heilmitteln, jenes rastlose Streben nach dem, was ihre Tage verlängern kann, sind Auswirkungen der Gewissenstrübung und der Verdorbenheit ihres Herzens. Es sind Anzeichen dafür, dass ihr Glaube und ihre Liebe erstorben sind und ihnen deshalb die Krone keinesfalls zusteht, die für diejenigen bestimmt ist, wie der Apostel sagt, die das Kommen der Herrschaft Jesu Christi ersehnen.

Question IV

La charité n'oblige-t-elle pas un supérieur d'user de toutes sortes de moyens et de remèdes pour la guérison de ses religieux ?

Réponse

La charité veut qu'un supérieur emploie pour la guérison des religieux lorsqu'ils sont malades, les moyens et les remèdes qui conviennent à leur profession. Elle veut qu'il mesure toutes choses non seulement à leurs besoins, mais à leur propre salut et à l'édification des Frères. Il faut qu'il se souvienne qu'il gouverne des hommes qui ont renoncé aux délicatesses du monde pour vivre dans une pénitence exacte et sous une discipline sévère, et qu'il prenne garde de ne leur accorder aucun soulagement qui puissent blesser l'intégrité et la perfection de leur état. Toutes les règles monastiques demandent dans un supérieur une vigilance, une application et une charité toute particulière envers les malades. Mais il n'y en a point qui puisse l'obliger d'adoucir et de tempérer de telle sorte sa conduite, qu'il cesse aussi d'être utile et de contribuer au salut et à l'avancement des âmes. Et comme il ferait mal s'il ne se rendait facile dans les choses que les Règles lui permettent de donner aux infirmités des Frères, il doit aussi se montrer inflexible dans celles qu'elles lui ordonnent de leur refuser.

En un mot, il faut qu'il agisse avec beaucoup de prudence et de discernement, de crainte qu'une trop grande sévérité n'effarouche les esprits, ou qu'une condescendance molle ne les porte dans le relâchement.

FRAGE IV

Zwingt nicht die Barmherzigkeit den Oberen, alle möglichen Maßnahmen und Heilmittel zur Heilung seiner Mönche zu benutzen?

Antwort

Die Nächstenliebe fordert, dass der Abt für die Heilung kranker Ordensbrüder standesgemäße Mittel und Medikamente anwendet. Sie verlangt, dass er alles nicht nur nach ihren Bedürfnissen bemisst, sondern nach ihrem Seelenheil und im Blick auf die Erbauung der Mitbrüder. Er muss sich bewusst sein, dass er Menschen gebietet, die den Genüssen der Welt entsagt haben, um in richtiger Bußhaltung und unter strenger Disziplin zu leben. Er muss darauf achten, dass er ihnen keine Erleichterung zukommen lässt, die die Makellosigkeit und die Vollkommenheit ihres Standes beeinträchtigt. Alle Ordensregeln verlangen beim Oberen eine ganz besondere Wachsamkeit, Zuwendung und Liebe den Kranken gegenüber; es gibt aber keine, die ihn verpflichten seinen Führungsstil so abzumildern, dass er gleichzeitig damit aufhört nützlich zu sein und zum Heil und zur Besserung der Seelen beizutragen. Und so wie er schlecht daran täte, wenn er keine Toleranz übte in den Dingen, die die Ordensregeln ihm im Krankheitsfall seiner Mitbrüder gestatten, soll er gleichermaßen sich unbeugsam zeigen in den Dingen, die er nach dem Gebot der Regeln den Kranken verweigern muss.

Kurz gesagt, er muss mit viel Klugheit und Umsicht vorgehen, da er fürchten muss, dass eine zu große Strenge die Geister schockiert oder ein zu nachsichtiges Entgegenkommen den Kranken gegenüber diese zur Laxheit verführt.

Cependant, comme on sait par expérience que la mollesse des supérieurs et l'immortification des moines a rempli les cloîtres de dérèglements et d'abus, et qu'aussitôt qu'un religieux est malade, il croit qu'il est dispensé de toutes règles, qu'il peut demander des médecines et des remèdes selon sa fantaisie et vivre dans une entière licence, il est nécessaire que ceux qui ont la charge des communautés monastiques, reprennent autant qu'ils le peuvent l'exactitude première. Qu'ils retranchent toutes les libertés abusives, qu'ils soient fermes dans le maintien de la discipline, qu'ils rétablissent dans les infirmeries toute la régularité que l'on y peut observer et qu'ils aient devant les yeux cette instruction si remarquable du bienheureux Guigues[37], savoir qu'un solitaire ne doit pas être moins différent des gens du monde dans les maladies que dans la santé; et qu'il ne lui est pas permis de désirer dans le désert, ce qu'on aurait peine de rencontrer dans les villes: *Ut sanos à sanis, ita aegrotos ab aegrotis saecularibus debere cogitent discrepare: nec illa in eremis quœ vix in urbibus inveniantur exposcere.* Souvenez-vous aussi, mes frères, de cette instruction si sainte et si véritable que saint Ambroise donne à tous les chrétiens quand il dit[38] que les préceptes de la médecine sont contraires à la science céleste, qu'ils retirent du jeûne, qu'ils ne permettent pas de veiller pendant les nuits, qu'ils détournent de la contention de l'esprit et des travaux de la méditation et que quiconque s'abandonne aux médecins s'ôte à soi-même. *Itaque qui se medicis dederit, seipsum sibi abnegat.*

Pensez que nos vies sont mesurées, que Dieu en a compté tous les instants, et que s'il est écrit que nous ne pouvons ajouter par tous nos soins à notre grandeur naturelle, ni changer la couleur d'un seul de nos cheveux[39], nous pouvons beaucoup moins prolonger nos jours au-delà des

[37] Guig. Stat. cap. 38. edit. Bas. an. 1510 / Guigo…..
[38] St Ambroise, Serm. 22 in Psal. 118 / Anbrosius Predigten….
[39] Cf. Mt 6, 27; 5, 36

Man weiß jedoch aus Erfahrung, dass Nachgiebigkeit der Oberen und fehlende Askese der Mönche Regellosigkeit und Missbräuche in die Klöster brachte und dass ein Mönch, sobald er krank ist, glaubt, von allen Regeln befreit zu sein, Medizin und Heilmittel nach seinem Einfallsreichtum verlangen zu können und in einer völligen Freiheit leben zu können. Daher müssen jene, die Verantwortung für die Mönchs-Gemeinschaften haben, die frühere Regeltreue soweit irgend möglich wieder zurückgewinnen. Sie sollen alle missbräuchlichen Freiheiten streichen, standhaft sein in der Aufrechterhaltung der Disziplin, in den Krankenvierteln die ganze Regeltreue wiederherstellen, die man dort beobachten kann. Und sie sollen diese bemerkenswerte Instruktion des seligen Guigo vor Augen haben, sich bewusst sein, dass ein Eremit in der Krankheit nicht weniger verschieden von den Weltleuten sein darf als in der Gesundheit und dass ihm in der Wüste Wünsche nicht erlaubt sind, die man in den Städten kaum findet: *Wie in Gesundheit sollten sie auch nach ihrer Meinung in Krankheit nicht von den Weltleuten verschieden sein, und sie sollten auch in der Wüste nicht das fordern, was man in den Städten kaum finden kann.*. Erinnert euch auch, meine Brüder, an diese so heilige und echte Instruktion, die der hl. Ambrosius allen Christen gibt, wenn er sagt, dass die Vorschriften der Medizin im Widerspruch zur himmlischen Wissenschaft stehen, dass sie das Fasten abmildern, keine Nachtwachen erlauben, dass sie von der Anstrengung des Geistes ablenken, von der meditativen Arbeit und jeder sich selbst verliert, der sich den Ärzten anheimgibt. *Wer sich daher den Ärzten überlässt, gibt sich selbst auf.*

Bedenkt, dass unser Leben endlich ist, dass Gott jeden Augenblick gezählt hat, und dass, wenn schon geschrieben steht, wir könnten durch all unsere Sorgen unserer natürlichen Größe nichts hinzufügen noch die Farbe eines einzigen unserer Haare ändern, wir noch viel weniger unsere Tage

bornes qui leur ont été prescrites, que tous les hommes mourront comme Moïse[40] par le commandement du Seigneur, *jubente Domino*[41]*;* parce qu'il ne lui plaît pas qu'ils vivent davantage. Que les remèdes dont il leur a permis de se servir dans l'incertitude et dans l'ignorance de ses moments n'ont que la force et la vertu qu'il lui plait de leur donner. Et qu'ils doivent dans l'usage et dans l'application qu'ils en font, attendre avec une soumission profonde et tranquille l'accomplissement de ses volontés. Pensez qu'il n'y a rien qui soit plus digne d'un solitaire, dont la foi doit être toute apostolique, que de s'abandonner à Dieu dans ses maladies et de se tirer de la main des hommes pour se mettre uniquement dans la sienne, afin que ce soit lui seul qui décide de sa vie et de sa mort. Pensez, mes frères, que les infirmités qui vous arrivent sont comme les instruments du supplice qui vous est dû. Que ce sont des croix véritables auxquelles la justice et la miséricorde de Dieu vous attachent; qu'il faut que vous y soyez autant de temps qu'il lui plaira et que vous attendiez son ordre pour en descendre. Laissez aux gens qui suivent le monde la médecine et laissez-les s'appuyer sur le secours des hommes parce que, outre le peu de foi qui est en eux, l'amour passionné qu'ils ont pour la vie présente les porte à rechercher tout ce qu'ils s'imaginent capables de les guérir, sans considérer s'ils en sont dignes ou s'ils ne le sont pas.

Mais vous qui vous êtes retirés dans les monastères, non point pour y vivre, mais pour y mourir; qui vous êtes offerts à Jésus Christ comme des victimes, et de qui toute l'ambition est de l'imiter dans ses travaux et dans ses souffrances, soyez toujours prêt de vous passer des médecins de la terre et des assistances humaines, qui blessent si aisément la confiance que l'on doit avoir dans la providence de Dieu, l'abnégation et la pauvreté de notre Institut, aussi bien que le respect que nous devons aux préceptes de l'Évangile[42],

---

[40] Dt 34, 5

[41] jubente Domnio – par le commandement du Seigneur / auf Befehl des Herrn

[42] Lc 14, 26-27

über die vorgegebenen Grenzen hinaus verlängern können, dass alle Menschen wie Mose auf Befehl des Herrn sterben werden, weil es Ihm nicht gefällt, dass sie länger leben. Dass die Heilmittel, die Er ihnen in ihrer augenblicklichen Unsicherheit und Unwissenheit zu nehmen erlaubt hat, nur die Kraft und die Gaben haben, die Er ihnen gewährt hat. Und dass sie bei deren Gebrauch und Anwendung mit tiefer und gelassener Demut auf die Erfüllung Seines Willens warten müssen. Glaubt, dass es nichts Würdevolleres für einen Mönch gibt, dessen Glaube ganz von der Nachfolge bestimmt sein muss, als sich in Krankheiten ganz Gott auszuliefern und sich der Hand der Mitmenschen zu entziehen, um sich ganz in die Seine zu legen, damit Er allein über sein Leben und Sterben entscheidet. Seht, meine Brüder, Krankheiten, die euch treffen, als Instrumente des Martyriums an, welches ihr schuldig seid und dass es wahrhaftige Kreuze sind, an welche Gottes Gerechtigkeit und Barmherzigkeit euch schlagen lässt. An ihnen müsst ihr so lange hängen, wie es Ihm gefällt, und ihr müsst auf Seinen Befehl warten, um von ihnen herabzusteigen. Lasst den Leuten der Welt die Medizin und lasst sie sich auf die Hilfe der Menschen stützen, weil außer der kleinen Glaubensflamme in ihnen ihre leidenschaftliche Liebe für das gegenwärtige Leben sie veranlasst, alles zu suchen, was sie nach ihrer Vorstellung heilen könnte, ohne zu bedenken, ob sie dessen würdig sind oder nicht.

Was euch angeht, die ihr euch in Klöster zurückgezogen habt, nicht um dort zu leben, sondern um dort zu sterben, ihr, die ihr euch Jesus Christus als Opfer dargeboten habt und deren ganzer Ehrgeiz darin besteht, Ihn in seinen Mühen und Leiden nachzuahmen, seid immer bereit auf irdische Heilmittel und menschliche Unterstützung zu verzichten, die so leicht das Vertrauen, welches man in Gottes Vorsehung haben muss, beeinträchtigen können, aber auch die Selbstverleugnung und das Armutsideal unserer Einrichtung, genauso wie den Respekt, den wir den Vorschriften des Evangeliums schulden,

qui nous ordonne de haïr la vie et de mépriser notre propre chair. Et si l'autorité de vos supérieurs et la crainte de trop vous distinguer du reste des hommes, vous oblige extérieurement de vous éloigner de cette conduite en quelque chose, et de condescendre à leurs désirs, gardez au moins la pureté de votre cœur. Ne souffrez pas qu'il vous échappe aucun désir qui la ternisse, préservez-le de tout affaiblissement. Conservez la volonté de souffrir lors même qu'on accordera quelque soulagement à vos maux et à vos peines. Ainsi, cet adoucissement extérieur qui n'aura rien en vous de volontaire, ne donnera nulle atteinte à votre première résolution; votre fidélité aura tout son mérite devant Dieu, et ne manquera pas d'y trouver sa récompense.

welches uns gebietet das Leben zu hassen und unser eigenes Fleisch zu verachten. Und wenn die Autorität eurer Oberen und die Furcht, euch zu sehr von den übrigen Menschen zu unterscheiden, euch nach außen hin verpflichtet, euch ein bisschen von jener Lebensführung zu entfernen und deren Wünschen nachzukommen, dann bewahrt wenigstens die Reinheit eures Herzens. Lasst nicht zu, dass in euch ein Verlangen aufkommt, welches diese Reinheit beflecken kann. Bewahrt euer Herz vor jedem Schwachwerden und euren Willen, Leid zu ertragen, selbst dann wenn man euren Leiden und Schmerzen etwas Linderung verschaffen will. Auf diese Weise wird die äußerlich erfolgte Linderung, die aber in keiner Weise eurem eigenen Willen zu verdanken ist, euren ersten Entschluss keineswegs beeinträchtigen. Euer gläubiges Vertrauen wird vor Gott Anerkennung finden und mit Sicherheit bei Ihm belohnt werden.

QUESTION V

Ne doit-on relâcher de la discipline et de la pénitence des monastères lorsqu'on voit que les religieux meurent fréquemment, et diminuer l'austérité des observances, dans la crainte qu'elles ne puissent pas durer dans leur première ferveur?

Réponse

Premièrement, les solitaires, qui comme nous vous l'avons dit bien des fois, sont venus dans les monastères non pour vivre, mais pour y mourir, ne doivent pas s'étonner, ni se laisser effrayer des morts fréquentes. C'est le salut de leurs âmes qu'ils y ont cherché, et non pas la conservation de leur santé et de leur vie. Ainsi, quand ils la finissent dans la crainte et dans la charité de Dieu (ce qui suppose toujours l'observation exacte de leur Règle), il se peut dire qu'ils sont à la fin de leurs souhaits et de leurs travaux, aussi bien qu'à la fin de leur course. *Consummatus in brevi, explevit tempora multa*[43].

Secondement, si les rois de la terre prenaient autant de villes, et gagnaient autant de batailles qu'ils perdent de soldats, songerait-on à épargner ou à plaindre ceux qui périraient dans une telle guerre ? Quelle apparence y a-t-il donc de ménager la vie de ceux qui se consument au service et pour la gloire de Jésus Christ par les armes de la pénitence ? Puisque, dans le sentiment des saints, et selon la vérité, Jésus Christ remporte autant de victoires sur l'enfer qu'il sauve d'hommes, et que délivrer une âme de la rage des démons (ce qui arrive toutes les fois que ses élus se consument par les travaux de la pénitence), c'est à son égard conquérir un véritable Royaume.

Troisièmement, il en est des souffrances des solitaires comme de celles des martyrs. Les larmes et les sueurs des uns, aussi bien que le sang des autres, ont donné la fécondité au champ de l'Église;

---

[43] Sg 4, 13 / Weish 4, 13

FRAGE V

Darf man Disziplin und Bußfertigkeit in den Klöstern nicht mildern, wenn man sieht, dass die Ordensleute häufig sterben; und die Strenge der Observanz mindern, aus Besorgnis, dass ihre erste Begeisterung erlahmen könnte?

Antwort

Erstens: die Einsiedler, wir haben es euch schon oft gesagt, kamen in die Klöster nicht um zu leben, sondern um dort zu sterben, und dürfen sich von den vielen Todesfällen daher weder überraschen noch erschrecken lassen. Es ist das Heil ihrer Seelen, das sie dort suchten und nicht den Erhalt ihrer Gesundheit und ihres Lebens. Somit wenn sie es in Gottesfurcht und in Seiner Barmherzigkeit beenden (was immer die genaue Beobachtung ihrer Regel voraussetzt), kann man sagen, dass sie am Ziel ihrer Wünsche und ihrer Mühen seien, ebenso wie am Ende ihre Laufes. *Vollbracht in Kürze, vollendete er viele Zeiten.*

Zweitens: wenn die Könige der Erde so viele Städte einnähmen und so viele Schlachten gewännen, wie sie Soldaten verlieren, würde man daran denken, sich diese zu sparen oder deren Tod in einem solchen Krieg zu bedauern? Welchen Sinn gibt es also, das Leben jener zu schonen, die sich im Dienst und zur Ehre für Jesus Christus durch die Waffen der Buße hingeben? Da Jesus Christ nach Ansicht der Heiligen und gemäß der Wahrheit, genauso viele Siege über die Hölle erringt, wie er Menschen rettet, und eine Seele aus der Wut der Dämonen zu befreien (was jedesmal geschieht, wenn seine Auserwählten sich durch die Bußarbeiten aufopfern), ist es aus Seiner Sicht die Eroberung eines echten Königreiches.

Drittens gibt es Leiden der Einsiedler wie solche der Märtyrer. Tränen und Schweiß der Einen haben, genauso wie das Blut der Anderen dem Acker der Kirche die Fruchtbarkeit gegeben; und wie die Anzahl der Christen nie stärker zugenommen hat als durch die Gewalttätigkeiten

et comme le nombre des chrétiens ne s'est jamais plus augmenté que par la violence des persécutions, aussi le nombre des moines ne s'est jamais multiplié davantage que par la grandeur de leurs austérités. Et il est aisé de remarquer que les observances monastiques ne se sont jamais étendues que par la réputation que leur ont donnée la sainteté, la pénitence, et la discipline exacte qui s'y sont observées. La prudence de la chair dit qu'il faut que les religieux se relâchent et s'abaissent pour se conserver et pour s'accroître. La Sagesse de Dieu dit au contraire qu'il faut qu'ils se resserrent et qu'ils marchent par les voies les plus étroites. L'esprit de Jésus Christ appelle dans les Congrégations qui sont exactes; et l'esprit de l'homme, dans celles qui sont relâchées.

Quatrièmement, ces morts fréquentes qui font tant de peur aux hommes, sont de la part de Dieu ou des visites d'indignation, ou des visites de miséricorde. S'il afflige parce qu'il est irrité, n'est-ce pas par la pénitence qu'on doit apaiser sa colère ? Et, a-t-on jamais vu dans les exemples ou les enseignements que les saints nous ont donnés, que ce soit un moyen pour satisfaire à sa justice, que de rendre sa vie plus molle, plus douce, et plus sensuelle ?

Ninive se couvre d'un sac, et fait jeûner jusqu'aux enfants et aux bêtes pour détourner le châtiment dont elle était menacée[44]. Y a-t-il donc de l'apparence que des religieux quittent la rigueur de leur Institut et qu'ils abandonnent leurs austérités accoutumées lorsque Dieu est en colère et qu'il appesantit sur eux la main de sa vengeance ? Que si Dieu diminue le nombre des frères et s'il les retire de ce monde par une disposition de sa bonté pour finir et pour récompenser leurs travaux ? Est-ce là reconnaître les bénédictions dont il lui plaît de favoriser ses serviteurs, et le moyen de l'engager à leur continuer les mêmes grâces, que de laisser les exercices de pénitence et de mortification, par lesquels on s'en est rendu digne, et d'adoucir l'austérité de sa vie au lieu de l'augmenter s'il était possible ou au moins de demeurer persévérant

[44] Jon 3, 5-6 / Joh 3, 5-6

der Verfolgungen, ebenso nahm die Zahl der Mönche bei ihrer strengeren Lebensweise immer besonders stark zu. Und man kann leicht beobachten, dass die Ordens-Observanzen sich niemals mehr ausgedehnt haben, als durch den Ruf, den ihnen ihre Heiligkeit, Bußfertigkeit und die streng eingehaltene Disziplin einbrachten. Die Klugheit des Fleisches sagt, dass Orden sich lockern und niedergehen müssten um sich zu erhalten und zu wachsen. Gottes Weisheit sagt im Gegenteil, es sei notwendig, dass sie sich strenger verhalten und den schmalen Pfad gehen. Der Geist Jesu Christi beruft zu den strengen Kongregationen; und der Geist der Menschen zu jenen die lasch sind.

Viertens: die häufigen Todesfälle, die den Menschen so sehr Angst machen, kommen von Gottes Seite entweder aus Ärger oder Barmherzigkeit. Wenn Er heimsucht, weil Er erzürnt ist, muss man Seinen Zorn da nicht durch Buße besänftigen? Und sah man nie in den Beispielen oder den Lehren die uns die Heiligen gaben, dass dies eher ein Mittel ist, um Seiner Gerechtigkeit Genüge zu tun, als wenn man sein Leben angenehmer, milder und sinnlicher gestaltet?

Ninive kleidet sich in Sackleinen, lässt alle fasten, selbst Kinder und Tiere, um die Strafe abzuwenden, die es bedrohte. Scheint es etwa so, dass Mönche die Strenge ihres Instituts verlassen und ihre übliche Enthaltsamkeit aufgeben (sollten), wenn Gott in Zorn ist, und über sie die Hand Seiner Rache ausstreckt? Was ist, wenn Gott die Anzahl der Brüder vermindert, und sie aus dieser Welt durch eine Weisung seiner Güte zurückzieht um ihre Arbeiten zu beenden und zu belohnen? Bedeutet das, den Segen anzuerkennen, mit dem Er Seine Diener nach Seinem Gefallen begünstigt und das Mittel um Ihn zu drängen, ihnen dieselben Gnaden weiter zuzuwenden, und die Übungen der Buße und der Abtötung zu unterlassen, durch die man sich deren würdig gemacht hat, und die Strenge seines Lebens zu mildern, anstatt sie wenn möglich noch zu steigern, oder wenigstens beharrlich und treu

et fidèle dans l'accomplissement de ses premières obligations ?

Enfin, si les saints moines s'étaient arrêtés pour la raison des changements, ils ne se seraient pas appliqués, comme ils ont fait, à former toutes ces observances si pénitentes et si saintes, qui ont été de temps en temps la gloire de Jésus Christ, l'ornement de son Église et l'édification des peuples. Ils savaient que tout ce qui est ici-bas n'a point de consistance assurée, et que les œuvres qui se font par le ministère des hommes, quelques saintes qu'elles puissent être, sont sujettes à l'inconstance, qu'il n'y a rien de permanent sous le soleil; et que ce mouvement perpétuel des créatures qui prennent la place les unes des autres, rend comme un continuel hommage à l'immutabilité de Dieu[45], qui est seul toujours lui-même et qui ne connaît ni vicissitude ni changement:

Ego Deus et non mutor, apud quem non est transmutatio, nec vicissitudinis obumbratio. Mais ils n'avaient garde d'écouter une raison si faible, et de croire qu'il fallait quitter un bien et l'interrompre, parce qu'il ne devait pas être éternel ou que la durée en devait être courte.

Nous voyons dans l'Histoire sainte qu'il n'y a presque point eu d'Ordre, de monastère et de Congrégation religieuse qui ne soit tombée dans l'affaiblissement, ou dans une défaillance entière, peu de temps après son institution.

Saint Pacôme[46] vit en esprit la ruine de Tabenne, qui arriva bientôt après sa mort. Et de son vivant un grand nombre de ses religieux se révoltèrent contre lui.

Scété qui commença durant les combats de saint Antoine, avait tellement changé du temps de saint Arsène, que ce grand saint disait en gémissant que Scété s'était perdu par la multitude de ses solitaires et Rome par celle de ses habitants.

---

[45] Ml 3, 6; Jc 1, 17 / Mal 3,6 ; Jak 1,17
[46] Vit. Pat.

in der Ausübung seiner obersten Pflichten zu bleiben?

Schließlich, wenn die heiligen Mönche um der Veränderungen willen aufgehört hätten, dann hätten sie sich nicht bemüht, wie sie es taten, all diese bußfertigen und heiligen Observanzen herauszubilden, die von Zeit zu Zeit entstanden zur Ehre Jesu Christi, als Zier Seiner Kirche und zur Erbauung der Völker. Sie wussten, dass alles, was hienieden ist, keinerlei sicheren Bestand hat, und dass die Werke menschlicher Dienste, so heilig diese auch seien, zur Unbeständigkeit neigen, dass es nichts Beständiges unter der Sonne gibt; und dass diese fortwährende Bewegung der Geschöpfe, in der eins die Stelle des anderen übernimmt, als andauernde Verehrung der Treue Gottes gilt, die einzig immer gleich bleibt und weder Wechsel kennt noch Änderung:

Ich bin der unveränderliche Gott, bei dem es keinen Wechsel gibt und auch keine Verdunkelung durch Veränderlichkeit. Aber sie hüteten sich, auf einen so schwachen Grund zu hören und zu glauben, dass man ein Gut aufgeben und unterbrechen müsse, weil es nicht ewig oder auch nur von kurzer Dauer sein sollte.

Wir sehen in der heiligen Geschichte, dass es fast keinen Orden, kein Kloster, keine religiöse Kongregation gab, die nicht kurz nach ihrer Gründung in eine Schwäche oder komplettes Versagen gefallen wäre.

Der hl. Pachomius sah im Geist die Ruine von Tabenne wie sie schon bald nach seinem Tod war. Und eine große Zahl seiner Mönche lehnte sich zu seinen Lebzeiten gegen ihn auf.

Skyte, das zu Zeiten der Kämpfe des hl. Antonius begann, hatte sich zur Zeit des hl. Arsenius so sehr verändert, dass dieser große Heilige seufzend sagte, Skyte habe sich durch die große Zahl seiner Eremiten verloren wie Rom durch die Zahl seiner Einwohner.

La sainteté du Sinaï ne fut pas de longue durée. Et quoique dans le siècle de saint Jean Climaque, il y eut encore quelques solitaires d'une vertu éminente, ce saint témoigne[47] que de son temps, on pouvait bien y conserver quelque pratique de la pénitence et de l'austérité des saints Pères, mais que tout y était plein d'orgueil et d'hypocrisie. Et que ni la pureté du cœur, ni la simplicité des anciens ne s'y trouvaient plus.

Cette laure si célèbre du grand Euthyme se dérégla dès qu'il fut mort, et saint Sabas fut contraint de la quitter. Peu de temps après, il en rétablit une autre, et aussitôt il s'y forma une si grande conspiration que soixante de ses frères se révoltèrent contre lui, et se séparèrent de sa conduite.

Ce grand Ordre de saint Benoît se relâcha dès le deuxième siècle de son institution. Et quoi que Dieu y ait toujours conservé des hommes de miséricorde et des gens selon son cœur qui ont fait tous leurs efforts pour en arrêter ou pour en réparer les ruines, comme le rapporte un abbé célèbre du même Ordre[48], la corruption n'a pas laissé de s'étendre et de devenir presque générale.

L'Ordre des Chartreux, quoi qu'il se soit maintenu plus que les autres, n'a pas laissé d'éprouver presque dès son origine les effets de l'inconstance. C'est ce que l'on voit par le soulèvement qui arriva dans la grande Chartreuse du temps de saint Bernard[49], par les relâchements qui s'introduisirent après la mort du bienheureux Guigues, et qu'on remarque encore davantage dans la vie de saint Anthelme[50], lequel étant établi Prieur dans la Chartreuse de Portes, et y trouvant une abondance d'argent, de grains et d'autres choses semblables qui ne devaient point se rencontrer parmi les solitaires d'un détachement et d'une sainteté consommée, donna mil écus d'or à des monastères de son Ordre et à d'autres maisons religieuses qui en avaient besoin, ouvrit les greniers, distribua les grains

[47] Grad. 26 art. 51 = Echelle sainte, 26e degré; Art. 35; p. 240. Collection Spiritualité Orientale et Vie monastique, n° 24; Bellefontaine, 1978
[48] Trithem. Abb.
[49] Ep. 270; SBO Tome VIII, p.178
[50] Vita S. Anth.

Die Heiligkeit des Sinai dauerte nicht lange. Und obwohl es im Jahrhundert des hl. Johannes Klimakus dort noch einige Einsiedler von ausgezeichneter Tugend gab, bezeugt dieser Heilige, dass man zu seiner Zeit zwar dort eine Praxis der Buße und Strenge der heiligen Väter beibehalten konnte, aber alles dort voller Stolz und Heuchelei war. Und dass man weder die Herzensreinheit noch die Einfachheit der Alten dort fand.

Die berühmte Laura[51] des großen Euthymius lockerte sich nach seinem Tode und der hl. Sabas war gezwungen, sie zu verlassen. Bald danach errichtet er eine andere und sofort wieder bildete eine so große Verschwörung, dass sechzig seiner Brüder sich gegen ihn auflehnten und von seiner Leitung trennten.

Der große Orden des hl. Benedikt lockerte sich ab dem zweiten Jahrhundert nach seiner Gründung. Und obwohl Gott dort immer mitfühlende Menschen und Leute nach seinem Herzen bewahrt hatte, die alle Anstrengungen unternahmen, dies aufzuhalten oder die Bruchstücke zu reparieren, wie es ein berühmter Abt desselben Ordens berichtet, verbreitete die Zerrüttung sich weiter und wurde fast allgemein.

Der Kartäuserorden, obgleich er sich besser hielt als die anderen, hat fast von seinem Ursprung an die Auswirkungen der Unbeständigkeit erprobt. Das hat man anlässlich des Aufstandes in der großen Kartause zur Zeit des hl. Bernhard an der Nachlässigkeit gesehen, die sich nach dem Tod des seligen Guigo ausbreitete. Noch deutlicher konnte man sie am Leben des hl. Anthelmus feststellen, der als Prior in der Kartause von Portes eingesetzt wurde und dort einen Überfluss an Geld, Getreide und ähnlichen Dingen vorfand, die sich unter Mönchen dieser Loslösung und Heiligkeit nicht anfinden durften. Er gab tausend Goldtaler an Klöster seines Ordens und andere Ordenshäuser, die bedürftig waren, öffnete die Getreidespeicher, verteilte Getreide an Arme, entledigte sich des unnötigen Kirchenzierrates.

aux pauvres, se défit des ornements d'Église qui n'étaient pas nécessaires.

[51] Gruppe von Zellen um eine Kirche herum in Adummim nahe Jericho

L'Ordre de Grandmont tomba quarante ans après la mort de son fondateur.

Saint Robert assembla ses disciples dans la forêt de Molesmes pour y vivre selon les pratiques de la Règle de saint Benoît. Il y forma un monastère, qui dans son commencement fut le prodige et l'édification de son temps. Ces hommes, pleins de l'esprit des premiers Pères, se firent un oratoire et une habitation avec des branches d'arbres qu'ils lièrent et entrelacèrent les unes dans les autres. Le reste de leur vie répondait à cette pauvreté si extrême. Mais véritablement, peu d'années après leur Institution, leur ferveur diminua, et leur religion s'affaiblit de telle sorte qu'à la vue de leur fondateur et de leur Père, nonobstant ses instructions, ses avertissements, et malgré toute sa résistance, ils perdirent tellement toute mémoire de l'œuvre qu'ils avaient commencée. Ils tombèrent dans un si grand relâchement, que ce saint homme accablé de douleur, fut contraint de les quitter avec quelques uns de ses frères et de chercher d'autres lieux où ils pussent servir Dieu dans le repos, et sans être troublés dans l'observation de la Règle qu'ils avaient embrassée. L'Esprit de Dieu les jeta dans le désert de Cîteaux, où ce grand Ordre si saint et si célèbre, comme nous l'avons déjà dit, pris sa naissance. Saint Bernard en fut la gloire et l'ornement principal, mais à peine fut-il mort, que l'on y vit des affaiblissements qui furent des signes et des avant-coureurs de sa désolation générale. Car bien qu'il conservait encore de la discipline et de l'austérité dans le commencement du second siècle de sa fondation, néanmoins on ne saurait douter qu'il n'eût beaucoup perdu de sa sainteté et de sa perfection dès le premier. Et les reproches que le pape Alexandre III fait aux religieux de Cîteaux peu d'années après la mort de ce grand saint, qui en sont des preuves convaincantes, sont si dignes d'être remarqués que nous avons jugé à propos d'en rapporter[52]. quelques paroles. „C'est avec regret, dit ce grand pape, que nous vous avertissons,

[52] Decret. Lib (?).3 de Stat. monas. c. 3

Der Orden von Grandmont verfiel vierzig Jahre nach dem Tode seines Gründers.

Der hl. Robert scharte im Wald von Molesmes seine Jünger um sich, um dort nach der Regel des hl. Benedikt zu leben. Hier errichtete er ein Kloster, welches in der Anfangszeit ein Wunderwerk und das Zentrum geistlicher Erbauung seiner Zeit war. Im Geiste der Altväter bauten jene Männer aus miteinander verflochtenen Ästen der Bäume ein Gebets- und ein Wohnhaus; ihre sonstige Lebensweise entsprach auch dieser extremen Armut. Aber wenige Jahre nach ihrer Niederlassung nahm ihr Eifer ab und ihre Frömmigkeit wurde so schwach, dass sie selbst unter den Augen ihres Gründers und Abtes, trotz seiner Anweisungen, trotz seiner Warnungen und gegen seinen Widerstand das Werk, welches sie begonnen hatten, aus dem Gedächtnis verloren und in eine solch große Laxheit verfielen, dass jener heilige Mann, von Schmerz überwältigt, sich gezwungen sah, sie mit einigen seiner Mitbrüder zu verlassen und andere Orte aufzusuchen, wo sie in aller Abgeschiedenheit Gott dienen konnten, ohne in der Befolgung der von ihnen angenommenen Regel gestört zu werden. Der Geist Gottes führte sie in die Einöde von Cîteaux, wo jener große, heilige und berühmte Orden seinen Anfang nahm. Der hl. Bernhard war ihr vornehmster Ruhm und ihre Zierde. Doch kaum dass er gestorben war, zeigten sich Schwächen, die schon Vorboten eines allgemeinen Zerfalls waren. Denn obwohl er zu Beginn des zweiten Jahrhunderts seit seiner Gründung noch Disziplin und Strenge beibehielt, konnte man kaum noch bezweifeln, dass er viel von der Heiligkeit und Makellosigkeit verloren hatte, die in den ersten hundert Jahren dort anzutreffen waren. Und die Mahnungen, die Papst Alexander III. wenige Jahre nach dem Tod jenes großen Heiligen an die Ordensleute von Cîteaux richtete, sind immer noch dermaßen beachtenswert und angetan, als Warnung zu dienen, dass ich es für angebracht halte, daraus einige Sätze zu zitieren. „Mit Bedauern,“sagte dieser bedeutende Papst, „setzen wir euch davon in Kenntnis,

qu'encore que vous ne soyez pas éloignés de tous points de la sainteté de votre Institut; néanmoins il y en a beaucoup parmi vous qui s'en sont séparés en quantité de choses, en sorte qu'ayant perdu toute la mémoire de la sainteté de leur origine, ils possèdent contre la Règle de votre Ordre, des villages, des paroisses, des fiefs, des hommages, des justices… C'est ce qui fait que nous vous exhortons de vous contenir dans les bornes de votre fondation. Car si vous prétendez abandonner votre institution primitive et vivre comme on vit dans les autres Observances, il faut aussi que vous vous résolviez désormais d'être traités comme les autres. N'étant pas juste que vous conduisant d'une manière toute commune, vous ayez des privilèges et des distinctions particulières."

La facilité avec laquelle ils souffrirent que saint Thomas de Cantorbéry quitte le monastère de Pontigny sur les menaces que leur fit le roi d'Angleterre, fait voir que leur désintéressement et leur charité n'était plus telle qu'elle avait été du temps de saint Bernard. Lequel n'aurait pas manqué de s'opposer comme un mur d'airain à la violence de ce roi. Mais ce que dit Louis VII, roi de France, lorsqu'il eut appris cette retraite ne doit pas être passé sous silence: „O Religion ! o Religion ! s'écria ce prince, où es-tu maintenant puisque ceux que nous croyions être morts au siècle, craignent encore les menaces du siècle. Et que pour conserver des biens périssables qu'ils font profession d'avoir méprisés pour l'amour de Jésus Christ, ils abandonnent l'œuvre de Dieu qu'ils avaient commencée en chassant de leur maison un saint exilé pour la justice". Il dit ensuite à celui qui lui avait apporté cette nouvelle: „J'ai bien de la douleur de voir que des personnes qui semblaient n'aimer et ne craindre que Dieu seul, ont eu peur de choquer le roi d'Angleterre en assistant l'Evêque de Cantorbéry… Assurez-le bien qu'encore que le monde, et ceux mêmes qui semblent n'être plus de monde, l'abandonnent, je ne l'abandonnerai jamais". Baronius[53] dit que cette expulsion causa un grand scandale dans l'Église.

[53] Anno 1167

dass, obwohl ihr euch nicht in allen Punkten von der heiligen Ordensregel entfernt habt, es unter euch trotzdem viele gibt, die sich nicht unerheblich davon getrennt haben, derart dass sie in völliger Vergessenheit ihrer ursprünglichen Heiligkeit entgegen ihrer Ordensregel Dörfer, Pfarreien, Lehensgüter, Lehen und Rechte besaßen… Deshalb ermahnen wir euch, euer Leben wieder im Sinne der Gründerzeit auszurichten. Denn wenn ihr vorzieht, eure einfache Institution zu verlassen und wie die anderen Observanzen zu leben, müsst ihr euch auch entschliessen, wie die anderen behandelt zu werden. Denn es wäre nicht gerecht, dass ihr besondere Vorrechte und Auszeichnungen hättet, wenn ihr ein Leben gerade wie alle anderen führt.“

Die Unbekümmertheit, mit der sie hinnahmen, dass der hl. Thomas von Canterbury das Kloster von Pontigny aufgrund der Einschüchterungen des Königs von England verlassen musste, macht deutlich, dass ihre Selbstlosigkeit und Liebe nicht mehr die gleiche war wie zur Zeit des hl. Bernhard. Der hätte sich wie eine Mauer aus Erz der Gewalttätigkeit jenes Königs entgegengestellt. Auch sollten nicht die Worte Ludwigs VII. verschwiegen werden, als er von jenem erzwungenen Rückzug erfuhr: „Oh Orden! Oh Orden!“rief der Fürst, „wie steht es heutzutage um dich, da diejenigen die Bedrohungen dieser Welt fürchten, von denen wir meinten, sie seien der Welt gestorben. Um vergängliche Güter zu retten, die sie doch bei ihrer Profess um der Liebe Jesu willen für gering erachteten, haben sie den anfangs so vortrefflich gezeigten Einsatz für die Sache Gottes aufgegeben, indem sie aus ihrem Haus einen Heiligen jagten, der auf Grund seines Einsatzes für die Gerechtigkeit außer Landes geschickt worden war.“ Weiter sagt er zu dem Überbringer der Nachricht: „Es schmerzt mich sehr zu sehen, dass Personen, die nur Gott zu lieben und zu fürchten schienen, Angst davor bekamen, mit ihrem Beistand für den Bischof von Canterbury den König von England zu verärgern… Ihr könnt ganz sicher sein, dass ich ihn nie im Stich lassen werde, wenn auch die Welt und selbst die, die nicht mehr von ihr zu sein scheinen, ihn im Stich lassen.“ Baronius sagt, dass diese Vertreibung einen großen Skandal in der Kirche verursachte.

Les divisions que l'ambition des premiers abbés excita dans cet Ordre, cent ans environ après son institution, font voir qu'il avait reçu dès ce temps-là de profondes blessures, et qu'il s'était bien éloigné de la pureté et de la simplicité de son origine. Ces contestations furent si grandes qu'elles obligèrent le pape Innocent III[54] de leur écrire: qu'il avait appris par des bruits funestes, qu'enfin cet or si pur et si excelle avait perdu sa couleur et s'était changé en écume, puisqu'ils disputaient de leur autorité. Et qu'en cherchant leurs propres intérêts, et non pas ceux de Jésus Christ, ils montraient qu'ils avaient quitté leur véritable chemin, et abandonné leur première simplicité... Après les avoir exhorté à persévérer dans la pureté primitive de leur Institut, et à retrancher toute occasion de scandale, il les avertit qu'ils prennent garde de ne pas devenir la raillerie et la fable du monde, comme les moines de Grandmont.

L'Ordre de saint François déchut aussitôt après sa fondation par l'inquiétude et l'ambition de frère Elie. Ce célèbre monastère des carmélites de saint Joseph d'Avila[55], dans lequel sainte Thérèse avait établi par ses soins une pratique de la Règle et une perfection éminente, tomba en peu d'années dans un si grand relâchement par la négligence d'une supérieure, que la transgression de la Règle y était regardée comme une chose licite et nécessaire. Le mal était incurable si la sainte n'y eût remédié par sa présence, par ses prières, et par son application.

Et si l'on voulait faire l'histoire de toutes les observances qui se sont formées dans l'Église, on verrait qu'il n'y en a presque point qui n'ait dégénéré peu de temps après sa naissance, de l'esprit, de la vertu et de la sainteté de ses fondateurs.

[54] Inn. III. Ep. Ad Abb. Cister. Anno 1202. c.4 ad 4. prim. Abbat.
[55] Hist.des Carmes Refor. p. ? o. seconde partie. Liv.5. chap. 21

Die Zerwürfnisse, welche der Ehrgeiz der ersten Äbte in diesem Orden auslöste, ca. 100 Jahre nach seiner Gründung, lassen erkennen, dass er schon seit jener Zeit tiefe Wunden davongetragen und sich weit von der Reinheit und Einfachheit seiner Ursprünge entfernt hatte. Jene Kontroversen waren so groß, dass sie Papst Innozenz III. veranlassten, ihnen zu schreiben, „er habe dunklen Gerüchten zufolge gehört, dass das so reine und hervorragende Gold seinen Glanz verloren und sich schließlich in wertloses Material verwandelt habe, da sie in ständigem Streit um die Vorrangstellung lägen. Indem sie nur ihre eigenen Interessen und nicht die Jesu Christi verfolgten, zeigten sie, dass sie den Weg der Wahrheit und ihre ursprüngliche Anspruchslosigkeit aufgegeben hätten… Nachdem er sie ermahnt hatte, bei der einfachen Reinheit ihres Instituts zu bleiben und jede Gelegenheit des Ärgernisses abzuschneiden, warnt er sie, sie mögen sich hüten, in der Welt nicht zum Gespött und zur Story zu werden wie die Mönche von Grandmont.

Der Orden des hl. Franziskus verfiel sofort nach seiner Gründung durch die Unruhe und den Ergeiz des Bruders Elias. Das berühmte Karmelitinnenkloster des hl. Joseph von Avila, in dem die hl. Theresa durch ihre Sorge eine hervorragende Regel-Praxis und Vollkommenheit aufgebaut hatte, verfiel innerhalb weniger Jahre in eine so große Lockerheit durch die Nachlässigkeit einer Oberin, dass die Übertretung der Regel dort als eine erlaubte und notwendige Sache angeschaut wurde. Das Übel war unheilbar, wenn nicht die Heilige durch ihre Anwesenheit, ihr Beten und ihren Einsatz dem abgeholfen hätte.

Und wenn man die Geschichte aller Observanzen schreiben wollte, die sich in der Kirche gebildet haben, würde man sehen, dass es fast keine gibt, die nicht kurz nach ihrer Entstehung vom Geist der Tugend und der Heiligkeit seiner Gründer entartete.

Je vous ai mis ces exemples devant les yeux, mes frères, afin de vous montrer avec plus d'évidence que si ces grands Saints inspirés de Dieu, et conduits par son saint Esprit, ont fondé des Congrégations, des Ordres et des Monastères dans une perfection élevée, et dans une pénitence exacte et rigoureuse, quoiqu'ils devaient bientôt perdre la vérité de leur Institut, et tomber dans un état si différent de leur première ferveur, et si le Seigneur n'a pas laissé d'envoyer ses ouvriers évangéliques dans sa vigne pour y travailler, quoiqu'il n'ignorait pas qu'elle devait être bientôt ravagée, on ne doit jamais s'empêcher de faire l'œuvre de Dieu. Et que bien loin de l'abandonner ou de l'affaiblir après l'avoir fait, dans la crainte qu'on a qu'il ne soit pas de durée et qu'il ne puisse se maintenir dans sa première perfection. Au contraire, si l'on avait une connaissance assurée que sa destruction est proche, ce serait pour lors qu'il faudrait ranimer son zèle, sa religion et sa ferveur afin de rendre à Dieu, par le moyen de ce même œuvre, d'autant plus d'honneur et de gloire, qu'on saurait avec certitude qu'il serait tout prêt d'être détruit et d'être pour jamais inutile à son service.

Il en est des monastères et des Observances comme de la vie des hommes. Dieu a réglé leur durée et a donné des limites aux uns et aux autres, au-delà desquelles elles ne sauraient s'étendre. Un homme cesse de vivre; on se tourmente pour trouver les causes et les raisons de sa mort. Mais au fond, à reprendre les choses jusque dans leur source, la vérité est qu'il meurt parce que, comme je l'ai déjà dit, la volonté de Dieu n'est pas qu'il vivre davantage.

Ich habe euch, meine Brüder, diese Beispiele vor Augen geführt, um euch mit größter Deutlichkeit zu zeigen, wie diese großen Heiligen, die von Gott inspiriert und von Seinem Heiligen Geist geleitet wurden, Kongregationen, Orden und Klöster in einer großen Vollkommenheit sowie genauer und strenger Bußfertigkeit gegründet haben, obwohl sie bald die Wahrheit ihres Instituts verlieren und in einen von ihrer ersten Begeisterung ganz verschiedenen Zustand fallen mussten und wie der Herr seine Arbeiter zur Arbeit wie im Evangelium in Seinen Weinberg senden würde, obwohl Ihm nicht unbekannt war, dass dieser bald verwüstet würde, darf man niemals säumen, das Werk Gottes zu tun. Und weit entfernt davon es aufzugeben oder post faktum abzuschwächen in der Furcht dass es nicht von Dauer sei, und dass man es nicht in seiner anfänglichen Vollkommenheit halten kann. Im Gegenteil, wenn man eine gesicherte Kenntnis hätte, dass seine Zerstörung naht, dann müsste man seinen Fleiß, seinen Glauben und seine Begeisterung wiederbeleben, um mit diesem gleichen Werke Gott umso mehr Ehre und Ruhm zu geben, je sicherer man wüsste dass es bald darauf zerstört und für seinem Dienst niemals nützlich sein würde.

Es ist mit den Klöstern und der Einhaltung der Ordensregeln wie mit dem Leben der Menschen. Gott hat ihre Dauer festgelegt und den einen wie den anderen Grenzen gesetzt, über die sie nicht hinaus können. Ein Mensch stirbt und man gibt sich alle erdenkliche Mühe herauszufinden, weshalb er gestorben ist. Aber im Grunde, wenn man die Dinge bis an ihre Ursprünge zurückverfolgt, stirbt er in Wirklichkeit deshalb, weil es Gottes Wille ist, dass er nicht länger lebt.

De même une Observance périt quand elle a atteint les bornes que la Sagesse divine lui avait prescrites. En un mot, mes frères, un monastère est une arche de salut dans laquelle Dieu renferme un petit nombre de ses élus, pour les préserver de ce déluge qui cause dans le monde une désolation si générale. Il la conduit, il la protège tandis qu'elle sert à l'exécution de son dessein. Mais quand son œuvre est faite, que ses élus ont gagné le port, et que ses déterminations éternelles sont accomplies, il se retire d'avec ceux qui le négligent. Et pour lors, par un juste châtiment, ce vaisseau fragile, abandonné à lui-même au milieu de la tempête, sans gouvernail, est jeté de çà et de là par la violence des vices et des passions, comme par autant de vents et de vagues impétueuses. Il se brise et il est enfin submergé par le naufrage.

Ajoutons à cela, mes frères, que Dieu qui n'ignorait pas la révolte de l'Ange, et la chute de l'homme, créa néanmoins l'un et l'autre dans la charité et dans la justice. Et si les hommes ont trouvé quelque ressource dans la miséricorde de Dieu par Jésus Christ, il n'y en a eu aucune pour les Anges rebelles, dont la création n'en est pas moins l'effet d'une bonté infinie.

Combien donc faut-il louer cette même bonté dans l'institution des Ordres qui ne sont tombés qu'après avoir donné tant d'élus à Dieu et à qui peut-être il réserve encore dans les temps connus par sa providence, un renouvellement des premières grâces, semblable à celui qu'il prépare à son peuple, lorsqu'enfin selon sa promesse il le rassemblera de toutes les parties du monde après une dispersion si longue et si générale.

Gleichermaßen geht eine Observanz zugrunde, wenn sie an ihre Grenzen gestoßen ist, die die göttliche Weisheit für sie vorgesehen hatte. In einem Wort, meine Brüder, ein Kloster ist eine Arche des Heils, in der Gott eine kleine Anzahl seiner Auserwählten versammelt hat, um sie vor der Sintflut zu bewahren, die in unserer Welt einen solch allgemeinen desolaten Zustand hervorbringt. Er lenkt die Arche, er beschützt sie, während sie der Ausführung seiner Pläne dient. Aber wenn ihre Arbeit getan ist, wenn Seine Auserwählten den Hafen erreicht haben und Seine von ewig her feststehenden Beschlüsse in die Tat umgesetzt sind, zieht Er sich von denjenigen zurück, die Ihn geringschätzen. Und dann wird im Zuge einer gerechten Strafe dieses zerbrechliche Schiff mitten im Sturm steuerlos sich selbst überlassen, durch die Macht der Laster und Leidenschaften hin und her geworfen wie von Winden und heranstürmenden Wellen, leidet Schiffbruch und geht unter.

Fügen wir hinzu, meine Brüder, dass Gott, der ja sehr wohl um die Auflehnung des Engels und den Fall des Menschen wusste, trotzdem den einen wie den anderen in seiner Liebe und Gerechtigkeit schuf. Und wenn auch die Menschen durch die Barmherzigkeit Gottes in Jesus Christus Hilfe und Rettung gefunden haben, gab es diese nicht für die aufständischen Engel. Trotzdem ist deren Erschaffung Ausfluss einer unendlichen Güte.

.Wie sehr muss man also eben diese Güte bei der Errichtung von Orden preisen, die erst untergegangen sind, nachdem sie Gott so viele Auserwählte geschenkt haben und für die er vielleicht noch in einer Zeit, die nur seine Vorsehung kennt, eine Erneuerung der anfänglich gespendeten Gnadengaben bereithält, vergleichbar derjenigen, die er seinem Volk bereitet, wenn er es gemäß seinem Versprechen nach einer so langen und allgemeinen Zerstreuung aus allen Teilen der Erde wieder versammeln wird.

Question VI

Que faut-il répondre à ceux qui regardent comme une chose blâmable d'embrasser des austérités qui abrègent la vie ? Ont-ils pour cela quelque fondement légitime ?

Réponse

Quoi que vous puissiez trouver aisément dans ce que nous vous avons déjà dit, de quoi répondre à cette demande, je ne laisserai pas de vous dire encore, que si cette pensée avait lieu, il faudrait condamner une multitude innombrable de grands saints qui ont éclaté presque dans tous les temps comme des astres dans le ciel de l'Église. Ceux que Dieu a donnés au monde pour être un objet continuel de son admiration, deviendraient le sujet de sa censure. Et les conduites si saintes des Pauls, des Antoines, des Palémons, des Pacômes, des Hilarions, des Siméons, des Macaires, et de tant d'autres qui ont marché comme eux par des voies dures et rigoureuses, seraient considérées comme des excès et des entreprises téméraires. Car bien qu'ils n'aient pas eu précisément le dessein de se procurer la mort par les austérités qu'ils ont pratiquées, elles ne laissaient pas d'elles-mêmes d'en pouvoir avancer les moments. Et on ne saurait douter qu'ils n'aient en cela préféré la pureté de leurs corps et la sainteté de leurs âmes à la durée de leurs vies. Ces hommes incomparables qui avaient appris de Jésus Christ qu'il fallait haïr son âme pour la conserver, étaient persuadés qu'ils ne pouvaient faire un meilleur usage de la vie qu'ils avaient reçue de Dieu que de la perdre pour sa gloire par le martyre de la pénitence, afin de s'affranchir pour jamais de la nécessité de la mort.

Si ceux qui se figurent qu'on ne peut avec conscience entreprendre des austérités capables d'affaiblir la santé et d'abréger les jours, faisaient quelque attention sur tant de diverses conditions sujettes à ce même

FRAGE VI

Was muss man jenen antworten, die es tadelnswert erachten, wenn eine Strenge angewendet wird, die das Leben abkürzt? Haben sie dafür irgendeine legitime Grundlage?

Antwort

Obgleich ihr die Antwort auf diese Frage leicht in dem bereits Gesagten finden könnt, säume ich nicht, euch nochmals zu sagen: wenn dieser Gedanke begründet wäre, müsste man eine zahllose Menge großer Heiliger verdammen, die fast zu allen Zeiten wie Sterne am Himmel der Kirche aufgegangen sind. Jene, die Gott der Welt als andauernden Gegenstand Seiner Bewunderung gab würden der Zensur verfallen. Und die so heiligen Lebensführungen der Paulusse, der Antoniusse, der Palemons, der Pachomien, der Hilarien, der Simeons, der Makarien, und von so vielen anderen, die wie sie auf harten und strengen Wegen gingen, würden als Auswüchse und kühne Unterfangen angesehen. Denn obwohl sie nicht wirklich beabsichtigten, sich den Tod zuzuziehen durch die strengen Übungen, die sie praktizierten, verzichteten sie gerade nicht auf sie, auch wenn der Tod sich dadurch früher einstellen konnte. Man kann nicht daran zweifeln, dass sie in dieser Sache die körperliche Unversehrtheit und die Heiligkeit ihrer Seele der Lebensdauer vorgezogen haben. Jene unvergleichlichen Männer, die von Jesus Christus gehört hatten, dass man sein Leben hassen muss, um es zu retten, waren davon überzeugt, dass sie von dem Leben, welches sie von Gott empfangen hatten, keinen besseren Gebrauch machen konnten, als es zu Seinem Ruhm durch das Martyrium der Buße zu verlieren, um sich für immer von der Unausweichlichkeit des Todes zu befreien.

Wenn diejenigen, die glauben, man könne nicht guten Gewissens gesundheitsschädliche und das Leben verkürzende asketische Übungen auf sich nehmen, ihr Augenmerk auf so viele unterschiedliche

inconvénient, et cependant qu'on ne saurait condamner sans extravagance, ils changeraient de sentiment et de maximes. Ces gens, par exemple dont le métier est de travailler dans les mines, d'en tirer les minéraux et les métaux, de les fondre; et sans aller plus loin, ceux que nous avons parmi nous, qui sont occupés à forger le fer, à le préparer et qui, vivant comme dans le milieu du feu, sont perpétuellement dévorés par les flammes: elles ne cessent de consumer en eux cet humide radical qui est le principe de la vie. Il n'y a qui que ce soit qui ne convienne qu'ils ne peuvent la conserver longtemps dans un emploi qui lui est si contraire; et néanmoins personne ne les condamne.

Un homme de lettres qui s'adonne à la lecture ou pour acquérir les sciences, qui bien que profanes, ne laissent pas d'être nécessaires à la vie humaine, ou pour se rendre utile au public par des compositions laborieuse; un zélé missionnaire qui se consume dans l'étude de la parole de Dieu et dans la prédication; un avocat qui se signale dans un barreau pas ses éloquents discours et tant d'autres travaux, s'aperçoit bien que son tempérament s'altère et qu'il se dessèche, par la pâleur de son visage, par la faiblesse de sa poitrine, par les insomnies, et par les autres incommodités qui sont les effets et les suites d'une vie sédentaire, et d'une forte application. Cependant il n'en a pas la moindre peine, et personne ne s'avise de lui en faire un scrupule de conscience.

Les autres embrassent la profession des armes, et s'engagent en même temps dans un nombre presque infini de dangers inévitables, tant sur mer que sur terre, non seulement par les accidents du fer et du feu, dont ils sont continuellement menacés, mais par les assujettissements et les travaux excessifs qui sont inséparables de cet état. Ils sont exposés à toutes les injures de l'air; ils y sont brûlés par l'ardeur des étés, transis et pénétrés par les humidités et les froidures de l'hiver; ils y souffrent les extrémités de la faim et de la soif; ils passent des nuits entières au vent, à la pluie,

Lebensbedingungen werfen würden, die derselben nachteiligen Begleiterscheinung ausgesetzt sind, würden sie ihre Meinung und Position ändern. Die Leute, zum Beispiel, die von Beruf Bergleute, Hüttenleute, Gießer, und ohne weiter auszuholen, die wir unter uns haben: Schmiede, Metallverarbeiter die wie mitten im Feuer leben, werden ständig von den Flammen verzehrt, sie verzehren unablässig die Grundfeuchtigkeit, das Prinzip des Lebens. Es gibt niemand, wer es auch sei, der nicht zustimmt, dass sie diese an einem solchen Arbeitsplatz nicht lange behalten können, der ihr so abträglich ist, und dennoch verurteilt sie niemand.

Ein Gelehrter, der sich dem Studium widmet oder Wissenschaften erwerben will, die, so profan sie auch seien, dennoch notwendig für das menschliche Leben sind, oder um durch fleißiges Zusammenfügen nützlich für das Publikum zu sein; ein eifriger Missionar, der sich aufopfert beim Studium von Gottes Wort und in der Predigt; ein Rechtsanwalt, der sich vor Gericht mit seiner Eloquenz und vielen anderen Arbeiten bekannt macht, merkt wohl, dass seine Glut sich mindert und dass er austrocknet, durch die Blässe seines Gesichts, die Schwäche seiner Brust, durch Schlaflosigkeit und andere Ungelegenheiten als Folge sitzender Tätigkeit und starker Beanspruchung. Jedoch leidet er dadurch nicht im geringsten und niemand bemüssigt sich, ihm daraus Gewissensskrupel zu machen.

Andere ergreifen den Dienst mit der Waffe und verpflichten sich gleichzeitig zu einer schier unendlichen Anzahl unabweisbarer Gefahren auf See wie zu Lande, nicht nur durch Unfälle mit Eisen und Feuer, von denen sie fortdauernd bedroht werden, sondern auch durch die Unterordnung und übermäßigen Arbeiten, die untrennbar zu diesem Stand gehören. Sie sind allen Unbilden der Luft ausgesetzt; sie werden dort durch die Glut der Sommer gebrannt, durch die Feuchtigkeit und die Kälte des Winters durchwest und durchdrungen; sie leiden dort äußersten Hunger und Durst; sie verbringen ganze Nächte in Wind, Regen und Schnee;

à la neige; ils couchent indifféremment sur la terre, dans l'eau, dans la boue. Enfin, ils endurent des fatigues si prodigieuses, qu'ils y périssent par milliers. Et ceux qui les connaissent, ne peuvent comprendre qu'on puisse en échapper sans une espèce de miracle.

Quoique cette peinture soit fidèle et que tous ces maux et ces inconvénients soient inséparablement attachés à cette condition, on la loue, on l'exalte, on en fait sa gloire et son honneur; et jamais on n'a dit ni pensé qu'il n'était pas permis de porter les armes et de faire la guerre.

Cela étant, mes frères, ne pouvons-nous pas soutenir, que si on peut, sans blesser sa conscience, entrer dans les emplois du monde, dont les devoirs, les fonctions et les exercices conduisent à la mort par des nécessités presque certaines, à plus forte raison il sera permis à des chrétiens, qui sont plus touchés que les autres de l'obligation qu'ils ont de porter la croix de Jésus Christ, d'embrasser des austérités volontaires pour retracer ses souffrances, pour honorer son martyre, et tout ensemble pour dompter leur chair, assujettir leurs corps, réprimer leurs sens et leurs passions, afin de se rendre plus dignes par ces pratiques de sainteté, de celui au service duquel ils se sont uniquement consacrés. Et ne serait-ce pas une extrême injustice de traiter d'imprudence, d'indiscrétion et de témérité, ce qui n'est que l'effet d'un discernement plein de foi, de piété et de religion?

C'est aussi ce qui paraît évidemment par toutes les grâces dont il a plu à Dieu de combler ces hommes de bénédiction et par le soin particulier qu'il a pris de justifier ce que ceux qui regarderont avec des yeux charnels ne pourront ni souffrir, ni comprendre. Il y en avait entre ces saints pénitents[56], qui pour affliger leurs corps et pour en dompter les sentiments, passaient plusieurs jours et même des carêmes entiers sans manger. D'autres pour ne pas mourir tout d'un coup, usaient de quelques

---

[56] Saint Macaire, saint Jacques de Nisibe, sainte Marie d'Egypte, etc.; S. Acepsime, S. Macedonien, s. Eusèbe, etc. saint Dorothée Thébain.

sie schlafen unerschüttert auf der Erde in Wasser und Schlamm. Schließlich halten sie so außergewöhnliche Müdigkeit aus, dass sie dort zu Tausenden umkommen. Und die sie kennen, können nicht verstehen, dass man das ohne eine Art Wunder überleben kann.

Obwohl diese Darstellung wahrheitsgetreu ist und all diese Übel und Nachteile untrennbar an die jeweilige Lebenssituation gekoppelt sind, lobt man diese, hebt sie in den Himmel und leitet aus ihr seinen Ruhm und seine Ehre ab. Nie hat man nämlich gesagt oder auch nur gedacht, dass es nicht erlaubt sei, Waffen zu tragen und in den Krieg zu ziehen.

Da dem so ist, meine Brüder, können wir dann nicht mit Nachdruck vertreten, dass, wenn man ohne Gewissensbisse weltliche Beschäftigungen übernehmen kann, deren Aufgabe, Funktion und Ausübung unweigerlich zum Tod führen, es für Christen, die mehr als andere verpflichtet sind, das Kreuz Jesu Christi zu tragen, eine noch stärkere Begründung gibt, freiwillige Askese zu betreiben, da sie Seine Leiden nachvollziehen wollen, um Sein Martyrium zu feiern und ihre Fleischeslust zu zähmen, ihren Körper zu beherrschen und ihre Sinne und Leidenschaften zurückzudrängen, damit sie sich mittels dieser heiligenden Praktiken Dem würdig erweisen, in Dessen Dienst sie sich voll und ganz gestellt haben. Wäre es nicht extrem ungerecht, etwas für unklug, unüberlegt und fahrlässig zu halten, was in Wirklichkeit Folge gläubiger, frommer und gottesfürchtiger Einsicht ist?

Durch alle Gnaden, mit denen Gott in Seiner Güte diese Männer des Segens überhäuft hat und Seine besondere Sorge, das zu rechtfertigen was jene mit fleischlichen Augen anschauen werden, scheint es auch selbstverständlich, dass sie weder leiden noch verstehen können. Es gab unter diesen bußfertigen Heiligen einige, die um ihren Leib zu bändigen und um dessen Gefühle zu zähmen mehrere Tage und sogar ganze Fastenzeiten ohne Essen verbrachten. Andere verzehrten wilde Kräuter,

herbes sauvages. D'autres vivaient de lentilles trempées dans de l'eau; d'autres un peu d'orge écrasé. Quelques-uns se refusaient l'usage de l'eau, et n'en prenaient que pour ne pas se laisser consumer tout d'un coup par l'ardeur de la soif. On en voyait entre eux qui se macéraient par des veilles presque continuelles, qui étaient debout toutes les nuits et qui pour se donner quelques moments de repos s'appuyaient contre la muraille. D'autre étaient en plein air sur la cime des rochers, les nuits comme les jours, l'hiver et l'été, souffrant toutes les incommodités des saisons, sans couverture et sans abri d'autres par ce crucifier par de nouveaux genres de pénitences, se mettaient dans des roues, s'enfermaient dans des globes et des cavernes si resserrées, qu'ils ne pouvaient demeurer que tout pliés et contraints d'y endurer toutes les peines qui peuvent accompagner une posture si violente[57]. En un mot, il y en a eu des millions qui se sont traités avec des rigueurs toutes pareilles. Et quoique ces voies si dures semblaient les porter avec rapidité à la fin de leur course, et que vivre et pratiquer ces austérités paraissent des choses incompatibles, Dieu n'a pas laissé de se déclarer en leur faveur, et de faire connaître par des témoignages publics, qu'il était touché de l'affliction de ses serviteurs, et qu'il recevait le sacrifice de leurs pénitences, soit en prolongeant leurs jours au-delà des bornes accoutumées et les faisant arriver à une extrême vieillesse , comme nous voyons dans saint Paul, premier anachorète; dans saint Antoine, saint Arsène, saint Euthyme, saint Théodose, saint Jean le silencieux, saint Quiriace, Zozyme, et tant d'autres qui ont vécu plus d'un siècle. Soit en exaltant leur nom en les rendant célèbres dans le monde entier, et en leur donnant une réputation immortelle. Il a accordé toutes choses à leurs prières, il a comme mis sa toute-puissance entre leurs mains et il a fait tant de merveilles et de prodiges par leur ministère qu'ils ont paru sur la terre comme les maîtres souverains de la nature.

[57] S. Thalele (Thècle?), S. Auxent. S. Marcion.

um nicht plötzlich zu sterben. Andere lebten von angefeuchteten Linsen; wieder andere von etwas zerkleinerter Gerste. Manche versagten sich den Genuss von Wasser und nahmen davon nur, um nicht plötzlich durch den glühenden Durst hinweggerafft zu werden. Man sah einige darunter, die sich durch fast ununterbrochene Nachtwachen erweichten, die ganzen Nächte hindurch aufrecht standen, und um sich einige Augenblicke Ruhe zu gönnen, gegen die Mauer stützten. Andere hielten unter freiem Himmel Tag und Nacht auf dem Gipfel der Felsen aus, winters wie sommers und erduldeten alle Unannehmlichkeiten der Jahreszeiten, ohne Decke und ohne Unterschlupf um sich durch neue Arten von Bußen zu kreuzigen, legten sich auf Räder, schlossen sich in Kugeln oder so engen Höhlen ein, dass sie nur ganz gefaltet und gezwängt bleiben konnten, um dort alle Qualen zu erdulden, die eine so grausame Haltung verursacht. In einem Wort: es gab Millionen, die sich mit einer ganz ähnlichen Strenge behandelt haben. Und obwohl es schien dass diese harten Wege sie schnell zum Ziel ihres Laufes bringen würden und dass ein Leben mit dieser praktizierten Härte unvereinbar sei, hat Gott nicht versäumt, durch öffentliche Zeugnisse mitzuteilen, dass Ihn diese Hingabe seiner Diener gerührt hat und er das Opfer ihrer Buße annähme, indem Er ihre Tage über die normalen Grenzen hinaus verlängerte und sie zu einem extremen Alter gelangen ließ, wie wir beim hl. Paulus, dem ersten Einsiedler, sehen; auch beim hl. Antonius, dem hl. Arsenius, dem hl. Euthymius, dem hl. Theodosius, dem hl. Johannes dem Stillen, dem hl. Quiriakus, Zozymus und so vielen anderen, die mehr als ein Jahrhundert gelebt haben. Oder sei es auch indem Er ihren Namen erhöht und sie in der ganzen Welt berühmt macht und ihnen einen unsterblichen Ruf schenkt. Er hat ihrem Beten alles gewährt, Er hat Seine Allmacht gleichsam in ihre Hände gegeben und wirkte so viele Wunder und Zeichen durch ihren Dienst, dass sie auf dieser Erde als souveräne Meister der Natur erschienen.

D'où l'on peut inférer avec certitude qu'il est permis, sans blesser sa conscience, d'entreprendre des austérités qui attaquent la santé et abrègent la vie, puisque Dieu ne peut approuver ni autoriser le péché. Cette vérité si constante se remarque presque dans toutes les observances monastiques puisque les plus saintes et les plus renommées contiennent dans leur institution, c'est-à-dire, selon qu'elles ont été écrites et formées du doigt de Dieu, des rigueurs, des assujettissements et des pratiques de pénitence si sévères, qu'il n'est guère possible de les observer avec exactitude, et de conserver longtemps la vie et la santé.

Il suffit pour en avoir une preuve assurée, de considérer de près la Règle de saint Benoît[58], qui a toujours été estimée remplie de discrétion et de sagesse. Elle ordonne qu'un religieux ait incessamment devant les yeux l'image de la mort, et qu'il n'en perde jamais la mémoire. Qu'il conserve la présence des commandements de Dieu, de ses jugements, et des récompenses qu'il promet à ceux qui se rendent exacts à l'observation de sa loi. Elle veut qu'en tout temps il donne des marques extérieures d'une humilité qu'il conserve dans le fond de son cœur. Que dans tous les lieux, soit dans le travail, dans le monastère, dans l'église, dans le jardin, dans les voyages, dans la campagne, et qu'en quelque situation qu'il puisse être, debout, assis ou en marchant, il ait sans cesse la tête et les yeux baissés vers la terre ; que se reconnaissant coupable des péchés qu'il a commis, il se croie toujours prêt d'être présenté au Tribunal terrible de Jésus Christ, et qu'il dise en gémissant comme le publicain de l'Évangile: *Non sum dignus levare oculos*. Elle prescrit un perpétuel silence; elle défend les paroles inutiles, celles qui sont capables de porter à rire, ou les railleries, avec autant de sévérité que si elle défendait des blasphèmes: *Scurrilitates, vel verba otiosa, et risum moventia, æterna clausura in omnibus locis damnamus, et ad tale eloquium, discipulum, aperire os non permittimus.*

---

[58] Dans les deux paragraphes suivants, références à RB. aux chapitres: 4, 7, 42, 6, 33, 58, 48, 8, 41.

Daraus kann man mit Sicherheit schließen, dass es erlaubt ist, ohne sein Gewissen zu verletzen, sich auf eine Strenge einzulassen, die gegen die Gesundheit angeht und das Leben abkürzt, da Gott die Sünde weder billigen noch erlauben kann. Diese beständige Wahrheit bemerkt man fast bei allen Ordens-Observanzen, da die heiligsten und berühmtesten in ihrer Institution, das heißt, wie sie mit Gottes Hand gebildet und niedergeschrieben sind, Härten und Unterwerfungen enthalten und derart strenge Bußübungen, dass es kaum möglich ist, sie genau einzuhalten und gleichzeitig Leben und Gesundheit auf lange Zeit zu bewahren.

Um dies sicher zu belegen, genügt es, sich die Regel des hl. Benedikt genauer anzusehen, eine Regel, von der man immer gesagt hat, sie sei von Klugheit und Weisheit erfüllt. Sie schreibt vor, dass ein Mönch immer das Bild des Todes vor Augen hat, und es niemals vergisst. Dass er die Gebote Gottes immer präsent hat, Sein Urteil und Seinen Lohn, den Er jenen verspricht, die sich auf die treue Beobachtung seines Gesetzes einlassen. Sie will, dass er allezeit ein äußeres Zeichen der Demut gibt, die er im Grund seines Herzens hegt. Dass er an allen Orten, bei der Arbeit, im Kloster, in der Kirche, im Garten, auf Reisen, im Land und in welcher Lage auch immer, stehend, sitzend oder gehend, dass er immer den Kopf gesenkt und die Augen nieder zur Erde geschlagen hält; dass er im Bewusstsein seiner Sündenschuld sich immer bereit hält, vor das schreckliche Gericht Jesu Christi gestellt zu werden, und dass er seufzend wie der Zöllner im Evangelium sagt: *ich bin nicht würdig, die Augen zu erheben.* Sie schreibt andauernde Stille vor, verbietet unnötige Worte, solche die zum Lachen bringen oder Spöttereien mit soviel Ernst als handele es sich um Gotteslästerungen: *Possenreißereien oder müßige Worte oder das, was ein Lachen auslöst, verurteilen wir an allen Orten mit ewiger Klausur und wir erlauben nicht, dass ein Schüler für derartige Ausdrücke seinen Mund aufmacht.*

Et afin d'ôter le prétexte de transgresser un Statut si important, elle veut qu'on ne permette aux religieux d'une vertu consommée de ne parler que très rarement, même des choses qui pourraient contribuer à leur édification et à leur salut. Elle les met dans une dépendance si étroite de celui qui les conduit, qu'ils ne puissent disposer ni de leur personne ni de leur volonté. Elle joint à tout cela une stabilité fixe et constante dans le monastère, des travaux pénibles, de longues veilles, de grands jeûnes et de grandes abstinences. Car dans ce temps-là, lorsqu'on jeûnait, on ne faisait qu'un repas à l'heure de None, dans les jeûnes de l'Ordre, c'est-à-dire à trois heures après midi; et sur le soir dans les jeûnes ecclésiastiques. Et il faut remarquer qu'en toute cette Règle, le temps y est tellement rempli d'exercices et d'occupations régulières, qu'on n'y voit pas un seul moment pour aucune récréation ni aucun délassement d'esprit.

Il n'y a personne que ne demeure d'accord qu'une vie si pénible et si laborieuse ne peut guère être de longue durée, et que la nature accablée par cet enchaînement de mortifications intérieures et extérieures, ne soit contrainte en peu de temps de succomber. On résiste aux grandes fatigues, et on se remet des grands travaux du corps et de l'esprit quand ils ne sont pas continuels, et qu'on se donne ensuite le repos et les soulagements nécessaires. Mais c'est ici un état qui n'en connaît point; c'est un engagement qui ne souffre aucun relâchement.

Et il faut qu'un homme qui veut s'acquitter avec une religion exacte des obligations que cette Règle lui impose, vive dans une perpétuelle contention, qu'il n'interrompe jamais sa vigilance, qu'il passe de la prière à la lecture, et de la lecture au travail, du travail au chant des psaumes. Qu'il s'observe incessamment avec soin; qu'il ne sorte jamais hors de lui-même. Enfin, joignant à cela les jeûnes et les veilles, sa vie n'est qu'un véritable crucifiement qui lui montre la mort, qui l'y conduit, et qui la lui fait désirer. Non point par aucun ennui que lui causeraient

Und um den Vorwand, ein so wichtiges Statut zu übertreten, zu entkräften, erlaubt sie den Mönchen mit vollendeter Tugend nur sehr selten zu sprechen, selbst über Themen die zu ihrer Erbauung und ihrem Heil beitragen könnten. Sie stellt sie in eine so enge Abhängigkeit von demjenigen, der sie führt, dass sie weder über ihre Person noch ihren Willen verfügen können. Mit alledem verbindet sie eine feste und dauernde Stabilität im Kloster, mühevolle Arbeiten, lange Nachtwachen, große Fasten und strenge Enthaltsamkeit. Denn in jenen Zeiten hielt man nur eine Mahlzeit zur Zeit der Non, zur Fastenzeit des Ordens, das heißt um drei Uhr nachmittags; und am Abend bei dem geistlichen Fasten. Und man muss feststellen, dass in dem ganzen Regelwerk der Tagesablauf so sehr von regelmäßigen Übungen und Beschäftigungen geprägt ist, dass man in ihm keinen Augenblick für Erholung und geistige Entspannung findet.

Es gibt niemanden, der nicht darin übereinstimmt, dass ein solch mühevolles und arbeitsreiches Leben kaum von langer Dauer sein kann und dass die menschliche Natur unter dem Druck unablässiger geistiger und körperlicher Bußübungen zwangsläufig nicht doch in kurzer Zeit unterliegt. Man hält große Anstrengungen aus und man erholt sich von großen Mühen des Körpers und des Geistes, wenn sie ein Ende finden und man sich dann der notwendigen Ruhe und Erholung hingeben kann. Aber unser Stand kennt solches nicht; unser Einsatz duldet kein Nachlassen der Anstrengung.

Und ein Mann, der die Pflichten, die ihm diese Regel auferlegt, genau erfüllen will, muss in fortwährender Anspannung leben; er darf seine Wachsamkeit niemals unterbrechen; er soll vom Gebet zur Schriftlesung, von der Schriftlesung zur Arbeit übergehen, von der Arbeit zum Singen der Psalmen. Unablässig soll er sich selbst sorgsam beobachten und nie aus sich heraustreten. Wenn er schließlich das Fasten und das Wachen damit verbindet, ist sein Leben eine wahre Kreuzigung,

ses peines, parce que l'amour qu'il porte à Jésus Christ fait qu'il les souffre avec plaisir, mais dans cet esprit dont le Prophète était rempli lorsqu'il disait[59]: Nous vivons dans les perpétuelles souffrances, et on ne peut plus nous considérer que comme des victimes destinées à la mort. *Propter te mortificamur tota die, æsstimati sumus sicut oves occisionis.* Et il n'a de rafraîchissement et de consolation que celle qu'il reçoit de la part de Dieu, lequel se plaît toujours d'adoucir par l'onction de sa grâce, les croix de ceux qui le servent.

Cette Règle, nonobstant toute sa rigueur et son exactitude, n'a pas laissé d'avoir l'approbation de Dieu et des hommes, et de se répandre dans tout l'Occident avec une fécondité et une bénédiction qu'on ne peut exprimer.

Il ne faut point dire que ce sont des excès des siècles passés qui ne doivent plus se trouver dans celui-ci, puisque nous voyons encore aujourd'hui que les Chartreux, qui forment dans l'Ordre monastique une des plus saintes et des plus célèbres Observances, gardent une abstinence si rigide et si inviolable, qu'ils ne quittent jamais, en quelque danger de mort et en quelque extrémité qu'ils se rencontrent.

Toute l'Église approuve leur conduite, et les théologiens qui la justifient, disent qu'ils doivent être plus attachés à la loi qui les oblige d'observer l'abstinence que non pas à la loi naturelle qui les oblige de conserver leur vie, parce que le public tire plus d'édification, d'utilité et d'avantage de cette austérité rigoureuse qu'il n'en recevrait de la conservation de la vie d'un particulier; que, bien que cette inflexibilité puisse procurer la mort, néanmoins la mort n'en est pas un effet infaillible et nécessaire, et qu'absolument il est possible de vivre sans user de viande.

[59] Ps. 43, 24

die ihm den Tod vor Augen stellt, die ihn Ihm näher bringt und Ihn ersehnen lässt, aber keineswegs wegen irgend eines Kummers, die ihm die Mühen bescheren, weil ihn die Liebe zu Jesus Christus sie mit Freude erleiden lässt, aber in diesem Geist, der den Propheten erfüllte, als er sagte: wir leben in ständigem Leiden und man kann uns nicht anders bezeichnen als todgeweihte Opfer. *Um deinetwillen werden wir getötet den ganzen Tag. Wir werden geachtet wie Schlachtschafe.* Und er erhält Erfrischung und Trost einzig und allein von Gott, dem es stets gefällt durch die Salbungen Seiner Gnade das Kreuz Seiner Diener zu lindern.

Diese Regel gewann ungeachtet all ihrer Strenge und Rigorosität die Zustimmung Gottes und der Menschen und verbreitete sich im ganzen Abendland mit einer unaussprechlichen Fruchtbarkeit und ebensolchem Segen.

Man darf nicht sagen, dies seien Übertreibungen vergangener Jahrhunderte, die jetzt nicht mehr vorkommen, da wir noch heute sehen, wie die Kartäuser, die einen der heiligsten und der berühmtesten Orden bilden, eine so strenge und intakte Enthaltsamkeit beobachten, die sie nie aufgeben, selbst in Todesgefahr oder äußerster Notlage die ihnen widerfährt.

Die ganze Kirche billigt ihre Lebensführung und die Theologen, die sie rechtfertigen, sagen, dass sie wohl mehr an ihr zur Enthaltsamkeit verpflichtendes Gesetz gebunden sind als an das natürliche, das sie zum Lebenserhalt verpflichtet, weil die Öffentlichkeit aus dieser strengen Härte mehr Erbauung, Nutzen und Vorteil bezieht als vom Erhalt eines einzelnen Lebens; dass, obwohl diese Unbeugsamkeit den Tod herbeiführen kann, dieser dennoch nicht die unfehlbare und notwendige Folge dessen ist, und dass ein Leben ohne Fleisch als Nahrung absolut möglich ist.

C'est ainsi, disent-ils que l'on s'expose au danger de la peste, qu'un malade peut sans blesser sa conscience demeurer dans le lieu où il est, quoi que les médecins l'assurent que l'air en est mortel, et qu'il ne saurait vivre s'il ne le quitte; qu'il peut refuser de se servir de médicaments exquis et recherchés, de viandes trop délicates, et même de prendre une couche plus douce ou plus molle, lorsque l'esprit de pénitence et le sentiment de sa piété le portent à vouloir une situation plus dure, plus incommode et plus pénible. Que ce fut par un semblable motif que le grand saint Martin se trouvant à l'extrémité de sa vie, et ses disciples le conjurant de se mettre dans une posture plus supportable que celle dans laquelle il était, leur répondit ces parole si remarquables: "Il est honteux à un chrétien de mourir autrement que sur la cendre. Laissez-moi, mes frères, je ferai contre mon devoir si je vous donnais un autre exemple "; *Non decet Christianum nisi in cinere mori. Si aliud vobis relinquo exemplum, ipse peccavi.*

Ils concluent enfin[60], que ces sortes d'actions, quand elles sont persévérantes jusqu'à la mort, causent dans l'Église des biens incomparablement plus grands que non pas les soins que l'on prend de ménager quelques instants de vie et qu'il n'y a pas lieu de douter[61] qu'on ne puisse s'y obliger légitimement, et les promettre.

Vous pouvez joindre à cela, mes frères, l'exemple de saint Charles, lequel ayant entrepris de vivre dans une pénitence qui ruinait sa santé, et abrégeait ses jours par des effets et des impressions sensibles, résista aux sentiments de tous ses amis, qui voulaient l'obliger d'y apporter de la modération, et cependant se rendit pour quelque temps au commandement qui lui fut fait en cela de la part du souverain Pontife, témoignant que l'obéissance pouvait bien le porter à relâcher de sa rigueur ordinaire, mais non pas la crainte de déplaire à Dieu, ni de rien faire contre son devoir en persévérant, même aux dépens de sa vie, dans l'austérité qu'il avait embrassée.

---

[60] Navar. Lib de Consil. regul. Consil. 5

[61] Sylv. Tom. 1 questi. 96. concl. 2.

Sie sagen, dass man sich der Pestgefahr aussetze, dass ein Kranker guten Gewissens dort bleiben kann, wo er ist, auch wenn die Ärzte versichern, dass die Luft dort tödlich ist, und dass er nicht überleben könnte, wenn er nicht weggeht; dass er ablehnen kann, ausgesuchte und hochentwickelte Arzneimittel zu nehmen, delikate Speisen und sogar eine sanftere oder weichere Lagerstatt zu nehmen, weil die Bußgesinnung und das Gefühl seiner Frömmigkeit ihm nahelegen, eine härtere, ungünstigere und mühsamere Situation anzustreben,. Es geschah aus einem ähnlichen Beweggrund, als der große hl. Martin am Ende seines Lebens, als ihn seine Jünger zu einer erträglicheren Haltung beschworen, ihnen mit diesen so bemerkenswerten Worten antwortete: „Es beschämt einen Christen, wenn er nicht auf der Asche stirbt. Lasst mich, meine Brüder, ich würde gegen meine Pflicht handeln, wenn ich euch ein anderes Beispiel gäbe; *es geziemt sich für einen Christen nicht, anders zu sterben als auf Asche. Wenn ich euch ein anderes Beispiel hinterlasse, habe ich nachher selbst gesündigt..*

Sie folgern schließlich, dass wenn diese Art des Handelns bis zum Tod beharrlich durchgeführt wird, sie der Kirche unvergleichlich größere Güter zufügen als die Sorge, die man übt, um einige Augenblicke Leben zu gewinnen, und es keinen Zweifel gibt, dass man sich dazu legitim verpflichten kann und es zu versprechen.

Sie können, meine Brüder, damit das Beispiel des hl. Karl verbinden der es unternahm, in einer Buße zu leben, die seine Gesundheit zerstörte und seine Tage durch empfindliche Wirkungen und Einflüsse abkürzte, und den Gefühlen all seiner Freunde widerstand, die ihn zu einer gewissen Mässigung zwingen wollten, und sich jedoch für einige Zeit zurückbegab unter den Befehl des Papstes, und damit bezeugte, dass der Gehorsam ihn sehr wohl von seiner gewöhnlichen Strenge ausnehmen konnte, aber nicht von der Furcht Gott zu missfallen, noch davon, nichts gegen seine Pflicht zu tun, sogar auf Kosten seines Lebens in der Strenge zu beharren die er eingeschlagen hatte.

QUESTION VII

Saint Basile ne recommande-t-il pas une grande modération dans les austérités, et dans les exercices de pénitence ?

Réponse

Il est vrai que saint Basile déclare en quantité d'endroits, qu'il ne faut point accabler le corps, le mettre dans l'impuissance et dans un état qui le rende incapable de s'acquitter des fonctions et des exercices auxquels les solitaires se trouvent obligés. Il condamne les austérités indiscrètes, et montre longuement que si elles sont excessives, elles sont accompagnées de grands inconvénients. Cependant, saint Basile n'a jamais voulu condamner un genre de vie qui laissant assez de forces pour satisfaire aux obligations des Règles, a néanmoins assez d'austérité, de discipline et de rigueur pour faire sur les corps des impressions nuisibles, attaquer la santé, en altérer les fondements, en causer la perte par des indispositions et des suites qui quelquefois sont promptes, et quelquefois insensibles. On ne peut pas croire qu'il ait eu une autre intention lorsqu'on sait[62] qu'il a enseigné que les véritables solitaires devaient se nourrir d'aliments secs qui n'aient que très peu de suc et de force, afin seulement de soutenir leur faiblesse, qu'il fallait qu'ils se réduisent à ne manger qu'une fois par jour pour demeurer dans l'ordre et dans l'observation de leur Règle. Et que quand l'heure du repas était arrivée, ils devaient être si modérés à contenter leurs besoins, que jamais leur conscience ne leur fit aucun reproche.

Il dit ailleurs[63] que le pain et l'eau suffisent pour la nourriture d'un solitaire, d'une santé robuste et des légumes pour les faibles. Qu'il faut à peine prendre une seule heure dans tout le jour pour le repas et pour les nécessités du corps, et que toutes les autres doivent être employées à des exercices qui regardent l'esprit.

---

[62] Const. Monast. c.6
[63] Epist. 1 ad Gre. Naz.

FRAGE VII

Empfiehlt der hl. Basilius nicht große Mäßigung in der Strenge und in den Bußübungen?

Antwort

Er stimmt, dass hl. Basilius an vielen Stellen erklärt, man solle den Leib nicht überlasten, ihn nicht unfähig machen und in einen Zustand versetzen soll, der ihn ausserstande setzt, seine Aufgaben und die Übungen zu erledigen, zu denen die Mönche verpflichtet sind. Er verurteilt unüberlegte Verzichtsübungen und zeigt ausführlich, dass sie im Übermaß von großen Nachteilen begleitet werden. Jedoch wollte der hl. Basilius nie eine Lebensführung verurteilen, die genug Kräfte belässt, um den Pflichten der Regel zu genügen und dennoch genug Enthaltsamkeit, Disziplin und Strenge besitzt, um dem Leib schädliche Eindrücke zu versetzen, die Gesundheit anzugreifen, deren Grundlagen zu verschlechtern, und sie durch Indispositionen und manchmal sofortige, manchmal unmerkliche Folgen verlustig zu machen. Man kann nicht glauben, dass er eine andere Absicht gehabt habe, wenn man weiß, dass er gelehrt hat, echte Einsiedler müssten von trockener Nahrung leben, die nur sehr wenig Saft und Kraft haben sollte, um gerade nur ihre Schwäche zu stützen, dass es notwendig war, sich darauf zu beschränken, nur einmal täglich zu essen, um in der Ordnung und Beobachtung ihrer Regel zu bleiben. Und wenn die Stunde der Mahlzeit gekommen war, sollten sie so gemäßigt werden, ihre Bedürfnisse zurückzuhalten, dass ihnen ihr Gewissen nie einen Vorwurf machte.

Er sagt an anderer Stelle, dass Brot und Wasser für die Nahrung eines kräftigen gesunden Einsiedlers ausreichen und Gemüse für jene von schwacher Gesundheit. Dass man kaum eine Stunde am Tag für Mahlzeiten und leibliche Bedürfnisse des Körpers verwenden muss, und dass alle übrige Zeit zu geistlichen Übungen gebraucht werden sollen.

Qu'il ne doit dormir que d'un sommeil très léger proportionné à son abstinence, et même s'efforcer de l'interrompre quelque court qu'il soit, par le soin des grandes choses qui remplissent son cœur et son esprit.

Quoiqu'on puisse soutenir cette exactitude, toute étroite et toute serrée qu'elle est, néanmoins on laisse à juger s'il est possible selon le cours ordinaire de conserver une santé vigoureuse, et de vivre longtemps en vivant de cette manière. Ainsi, on peut assurer que saint Basile n'a voulu désapprouver que ces austérités violentes, ces macérations extraordinaires, ces jeûnes de plusieurs jours, ces abstinences excessives, soit dans la quantité, soit dans la qualité de la nourriture ou dans les temps de la prendre. Enfin, l'indiscrétion de ceux qui, poussés de leur propre esprit et non pas de celui de Dieu, refusaient à la nature les aliments sans lesquels elle ne pouvait subsister. Son dessein étant de proposer une vie qui eût de la modération et qui pourrait être embrassée de plusieurs.

En un mot, il y a grande différence entre se donner le coup de la mort, et s'engager dans des actions et dans des états comme nous l'avons dit, qui soient capables d'y conduire et de l'avancer. L'un n'a jamais été permis, l'autre n'a jamais été défendu. Un prince, par exemple, commande à ses soldats de se précipiter du haut d'une tour dans le fond d'un fossé, ils ne lui doivent point d'obéissance. Mais s'il leur ordonne de passer à la nage un fleuve rapide pour attaquer et surprendre ses ennemis, de monter à une brèche bordée de soldats et toute en feu, il faut qu'ils exécutent ses ordres. Et la différence qu'il y a entre ces deux commandements, c'est que dans le premier, la mort est présente et inévitable, et dans le second, quoi que le péril soit grand, elle n'est pas tout-à-fait certaine, et il est possible d'en revenir.

Dass er nur einen sehr leichten Schlaf haben darf, im Verhältnis zu seiner Enthaltsamkeit, und dass er sich, gleich wie kurz er sei, noch bemühen soll, ihn zu unterbrechen, aus Sorge um die großen Dinge, die ihm Herz und Geist anfüllen.

Obwohl man diese Strenge befürworten kann, eng und dicht wie sie ist, muss man es trotzdem dem Urteil überlassen, ob es nach dem gewöhnlichen Ablauf möglich ist, dabei eine kräftige Gesundheit zu behalten und auf diese Art und Weise lange zu leben. Somit kann man gewiss sein, dass der hl. Basilius diese heftige Strenge nicht missbilligen wollte, diese außergewöhnlichen Kasteiungen, dieses mehrtägige Fasten, diese übermäßige Enthaltsamkeit bezüglich der Menge und der Qualität der Nahrung oder der Zeiten, die man dazu nimmt. Schließlich die Unbesonnenheit jener, die, getrieben von ihrem eigenen statt von Gottes Geist, der Natur die Nahrungsmittel verweigern, ohne die sie nicht bestehen konnte. Denn seine Absicht war, ein Leben vorzuschlagen, das von Mäßigung geprägt ist und von Vielen gelebt werden konnte.

In einem Wort: es gibt einen großem Unterschied zwischen „sich-den-Todesstoß-geben" und der Übernahme von Pflichten zu Handlungen und eines Standes, wie wir gesagt haben, die fähig sind, dorthin zu führen und darin fortzuschreiten. Das Eine war nie erlaubt, das Andere nie verboten. Befiehlt ein Fürst etwa seinen Soldaten, sich von der Turmspitze in einen tiefen Graben zu stürzen, so schulden sie ihm keinen Gehorsam. Aber, wenn er ihnen befiehlt, einen schnellen Fluss schwimmend zu überqueren, um seine Feinde anzugreifen und zu überraschen, unter Feuer zu einer Bresche hinaufzuklettern, die von Soldaten gesäumt ist, dann müssen sie seine Befehle ausführen. Und der Unterschied zwischen diesen zwei Befehlen ist, dass im Ersten der Tod direkt und unausweichlich ist, und im zweiten, obwohl die Gefahr groß, sie nicht ganz sicher ist, und es möglich ist, ihr zu entkommen.

Ceux qui veulent dispenser les solitaires de vivre dans une austérité rigoureuse, s'imaginent qu'ils les déchargent d'un joug qu'ils ne portent que malgré eux, et avec regret, et ils ne s'aperçoivent pas qu'ils leur arrachent de la main la planche qui leur reste pour se sauver du naufrage. Que l'unique consolation qu'ils ont en ce monde, est de venger sur leurs personnes, par le sacrifice de leurs vies, l'injure qu'ils ont faite à la Majesté de Dieu, et de lui témoigner, par la grandeur de ce renoncement, l'excès de leur douleur. La seule vue du malheur qu'ils ont eu de lui déplaire, fait qu'ils désirent la mort avec ardeur, non seulement pour punir leurs péchés, mais encore afin de n'en plus commettre. Et ils considèrent avec joie toutes les actions de pénitence qui composent l'état de leur vie, comme les instruments du supplice auquel ils se sont volontairement condamnés.

Saint Bernard n'avait garde de vouloir que les moines diminuent de l'austérité de leur vie par le désir de la rendre plus longue, et d'éloigner le moment de la mort. Il parle à ses frères des rigueurs extraordinaires de leur pénitence et il avoue qu'il est touché de compassion de ce qu'ils souffrent, mais il ne lui entre pas dans la pensée d'adoucir leurs peines, si ce n'est en les soutenant par la parole de Dieu, par l'espérance des biens à venir, et en leur représentant que c'est l'amour de Jésus Christ qui est la cause de leurs souffrances. Voici ses paroles[64]: „Ce n'est pas, mes frères, sans être touché d'une compassion vive et piquante, que je considère la grandeur de vos travaux. Je cherche à vous donner toutes les consolations que je puis. Il se présente assez de moyens de vous consoler et de soulager vos corps abattus par des peines excessives. Mais ces moyens ne vous sont pas avantageux, et vous en recevriez beaucoup plus de dommages que d'utilité. On ne saurait diminuer la mesure de la semence qu'on doit répandre dans une terre fertile, sans en rendre la récolte et la moisson moins abondante.

---

[64] Prf. in Ps. 90 « *Qui habitat* »: SBO Tom IV, pp. 383-384

Jene, welche die Einsiedler verschonen wollen, nach einer strengen Härte zu leben, bilden sich ein, sie von einem ungeliebten Joch zu befreien, das sie gegen ihren Willen tragen, und sie bemerken nicht, dass sie ihnen die Planke aus der Hand reißen, die ihnen zur Rettung vor dem Schiffbruch blieb. Dass der einzige Trost, den sie in dieser Welt haben, darin besteht, in ihrer Person durch das Opfer ihrer Leben die Beleidigung gut zu machen, die sie der Majestät Gottes zufügten, und ihm durch die Größe dieses Verzichtes das Übermaß ihres Schmerzes zu bezeugen. Die Sicht allein des Unglücks, das sie darin hatten, ihm zu missfallen, führt dazu, dass sie den Tod mit Eifer herbeiwünschen, nicht nur, um ihre Sünden zu bestrafen, sondern auch, um nicht weitere zu begehen. Und sie betrachten alle Bußübungen die ihren Lebensstand ausmachen, mit Freude als Werkzeuge der Folter, zu der sie sich aus freien Stücken selbst verurteilt haben.

Der hl. Bernhard wollte durchaus, dass Mönche die Strenge ihres Lebens zurücknahmen, weil sie es verlängern und den Tod hinausschieben wollten. Er spricht zu seinen Brüdern über die außergewöhnliche Strenge ihrer Buße und gesteht, wie er betroffen ist von tiefem Mitgefühl über ihre Leiden, aber es kommt ihm nicht in den Sinn, ihre Leiden zu mildern, es sei denn durch eine Stützung aufgrund Gottes Wort durch die Hoffnung auf die künftigen Güter, und indem er ihnen die Liebe Jesu Christi als die Ursache ihrer Leiden darstellt. Hier seine Worte: „Eure große Arbeit, meine Brüder, betrachte ich mit lebhaftem und stechenden Schmerz. Ich versuche, euch allen Trost zu geben, soweit ich kann. Wir haben genügend Mittel, euch zu trösten und eure Leiber zu schonen, die durch übermäßige Leiden zerrüttet sind. Aber diese Mittel sind euch nicht von Vorteil und ihr würdet dadurch viel mehr Schaden nehmen als Nutzen erwarten können. Man kann auch nicht die Menge Samen vermindern, die man in eine fruchtbare Erde streut, ohne der reiche Ernte zu schaden.

Et si par une pensée cruelle, j'ôtais quelque chose à votre pénitence, j'arracherais peu à peu de votre couronne les pierres précieuses, qui en doivent faire la beauté,l'ornement et la valeur. Mais à quoi pensons-nous ? Où est cette farine miraculeuse du Prophète[65]. Nous sommes dans le même besoin, et nous ressentons la même amertume.

Car vous passez vos jours dans des mortifications continuelles, dans des jeûnes rigoureux, dans des travaux pénibles, dans des veilles extraordinaires, sans parler de vos peines intérieures et secrètes, de la contrition dont vos cœurs sont pénétrés, et de la multitude des tentations qui vous affligent. Toutefois, mes frères, si vous êtes dans un état de mort et de destruction, c'est pour celui qui est mort pour vous. Si c'est pour lui plaire que vous êtes plongés dans la tribulation, sa bonté vous remplira de consolations abondantes, en sorte que cette âme qui a refusé des satisfactions sensibles et passagères, trouve en lui des contentements solides et de véritables joies, parce que souffrir pour l'amour de Dieu, c'est une grande consolation. Il est certain que les maux que vous endurez sont au-delà des puissances humaines, et des forces de la nature, et ils sont extraordinaires.

Voilà, mes frères, de quelle manière les saints se sont efforcés d'apporter quelque soulagement aux peines et aux travaux des moines, qui se sont consacrés à la pénitence. Les âmes qui ont conservé l'innocence peuvent bien avoir des sentiments et de pensée plus modérées, mais pour celles qui n'ont pas été assez heureuses pour la garder, ou qui tiennent de l'Église de Jésus Christ en qualité de solitaires et de pénitents la place de ceux qui l'ont violée, il n'y a point d'austérité qu'elles n'embrassent avec plaisir. Et quand elles considèrent combien les hommes se mécomptent[66] pour l'ordinaire dans leurs jugements et dans leurs mesure, elles ne craignent rien davantage, sinon que leurs œuvres se trouvent tellement au-dessous de leurs obligations, qu'elles ne soient pas dignes d'être regardées

---

[65] 2 R 4, 40-41
[66] se trompent

Und wenn ich durch einen grausamen Gedanken etwas von eurer Buße wegnähme, würde ich Stück um Stück die Edelsteine aus eurer Krone brechen, die ihr die Schönheit geben, den Schmuck und Wert ausmachen. Aber woran denken wir? Wo ist dieses wunderbare Mehl des Propheten. Wir befinden uns in derselben Not und fühlen dieselbe Bitterkeit.

Denn ihr verbringt eure Tage in andauernder Abtötung, in strengem Fasten, mühevoller Arbeit, in außergewöhnlichen Nachtwachen, ohne über eure inneres und geheimes Leid zu sprechen, über die Reue, die eure Herzen durchdringt und über die Vielzahl an Versuchungen, die euch heimsuchen. Allerdings meine Brüder, wenn ihr in einem Zustand des Todes und der Zerstörung seid, geschieht das für Ihn, der für euch gestorben ist. Wenn es geschieht, um Ihm zu gefallen, dass ihr in die Widerwärtigkeit getaucht werdet, wird Seine Güte euch mit reichem Trost füllen, so dass die Seele, die eine sinnenhafte und flüchtige Befriedigung ablehnte, in Ihm die beständige Zufriedenheit und echte Freuden findet, weil das Leiden aus Liebe zu Gott ein großer Trost ist. Es ist sicher, dass die Pein, die ihr erduldet, über menschliche Kräfte hinausgeht und über die Kräfte der Natur, und dass sie außergewöhnlich sind.

So seht ihr, meine Brüder, in welcher Weise die Heiligen sich mühten, den Leiden und Arbeiten der Mönche, die sich der Buße widmeten, eine gewisse Erleichterung zu bieten. Die Seelen, die die Unschuld bewahrt haben, können wohl gemäßigtere Gefühle und Gedanken haben, aber für jene, die nicht so glücklich waren, sie zu behalten, oder die als Einsiedler und Büßer in der Kirche Jesu Christi die Stelle jener einnehmen, die sie verletzt haben, ist keine Haltung streng genug, als dass sie sie nicht mit Freuden annehmen würden. Und wenn sie erwägen, wie oft die Menschen sich gewöhnlich in ihren Urteilen und Maßnahmen verrechnen, fürchten sie nichts mehr, als dass ihre Werke soweit hinter ihren Pflichten zurückbleiben, dass sie an jenem Tag des Schreckens unwürdig sind,

dans ce jour terrible où il s'en doit faire une discussion si exacte et si rigoureuse.

Mais quand il arrive qu'elles mettent les peines qu'elles endurent auprès de celles qu'elles ont méritées, cette effroyable disproportion qui se rencontre entre les unes et les autres, fait qu'elles ne sauraient se lasser d'adorer les bontés du Dieu qui pardonne et remet des punitions infinies pour une réparation si légère.

Ce qui doit fortifier davantage un solitaire dans l'amour des souffrances, c'est qu'il sait qu'il a contracté une double obligation d'imiter celles de Jésus Christ par le vœu de son baptême, et par le vœu de sa profession ; et que le choix que le Père Eternel a fait de ses élus avant tous les temps, ne peut s'accomplir dans le ciel qu'autant qu'ils se sont rendus conformes à son Fils sur la terre. Et comme il se voit dans une entière impuissance d'exprimer dans sa vie cette persécution si cruelle, cette flagellation sanglante, ce couronnement d'épines, ce crucifiement si plein de douleur et de confusion, et les autres horreurs qui ont accompagné sa passion, ce qu'il peut faire est de s'abandonner sans réserve à toutes les mortifications du corps et de l'esprit, aux veilles, aux jeûnes, aux travaux, autant que l'ordre de Dieu et la Règle le lui peut permettre, dans la crainte qu'il doit avoir que si jamais, par un amour déréglé de lui-même, ou par une compassion naturelle, il venait à diminuer de la pesanteur de la croix dont il est chargé, il n'en perde le mérite et la récompense.

Si ceux qui osent arrêter les pénitents dans leur course, et prescrire des bornes si resserrées à leurs austérités, pensaient aux désordres qu'ils peuvent causer par un mauvais conseil, ils seraient en cela plus réservés qu'ils ne le sont. S'ils pensaient, dis-je, qu'ils s'opposent à l'honneur que Dieu reçoit[67] de la pénitence d'un pécheur quand elle est véritable et sincère, qu'ils empêchent Jésus Christ de triompher des puissances de l'enfer, qu'ils contristent le saint Esprit, qu'ils privent l'Église de

[67] Lc 15, 7.10

an dem es über all dies eine genaue und strenge Erörterung geben wird.

Wenn es aber geschieht, dass sie die erduldeten Leiden denen gegenüber stellen, die sie verdient haben, führt dieses schreckliche Missverhältnis zwischen den einen und den anderen dazu, dass sie nie ermüden könnten, die Güte Gottes anzubeten, der wegen einer so leichten Wiedergutmachung unendliche Strafen verzeiht und erlässt.

Was einen Einsiedler in der Liebe des Leidens bestärken muss, ist das Bewusstsein, eine doppelte Verpflichtung auf sich genommen zu haben, nämlich Jesus Christus nachzufolgen durch das Taufversprechen und durch das Versprechen seines Gelübdes. Und dass die Auswahl, die der ewige Vater vor aller Zeit unter seinen Auserwählten getroffen hat, sich im Himmel nur soweit vollenden kann, wie diese sich auf Erden Seinem Sohn gleichförmig gemacht haben. Und wie er sich in völliger Ohnmacht sieht, in seinem Leben diese so grausame Verfolgung auszudrücken, die blutige Geißelung, die Dornenkrönung, diese Kreuzigung voller Schmerz und Verzweifelung und die anderen Schrecken, die Seine Leidensgeschichte begleiteten, ist das, was er tun kann, sich rückhaltlos aller Abtötung des Leibes und des Geistes auszusetzen in Nachtwachen, Fasten, Arbeiten soweit Gottes Gebot und die Regel es erlauben können, begleitet von der ihm auferlegten Furcht, dass er niemals, weder durch eine eigene ungeordnete Liebe oder ein natürliches Mitgefühl die Last des von ihm zu tragenden Kreuzes mindert und dessen Verdienst und Belohnung verliert.

Wenn jene, die es wagen, den Kurs der Reuigen aufzuhalten und ihrer Strenge enger gezogene Grenzen zu setzen, an die Unordnung dächten, die sie durch einen schlechten Rat verursachen können, wären sie darin zurückhaltender als sie sind. Wenn sie bedächten, sage ich, dass sie sich gegen die Ehre Gottes stellen, die ihm der Sünder durch echte und aufrichtige Buße erweist, dass sie Jesus Christus hindern, über die Mächte der Hölle zu triumphieren, dass sie den Heiligen Geist betrüben, dass sie der Kirche die daraus erwachsende Erbauung verweigern,

l'édification qu'elle en retire, et le pécheur du fruit de l'avantage et de la consolation qu'elle lui procure.

S'il est écrit que la pénitence d'un pécheur remplit le ciel de réjouissance, peut-on douter que celui qui est cause qu'elle n'a pas toute l'étendue et l'intégrité qu'elle doit avoir, ne porte la douleur et la tristesse dans le séjour de la consolation et de la joie ?

En vérité, si l'on connaissait la grandeur et le nombre des péchés, les secrètes dispositions de ceux qui en sont coupables, si on pénétrait la profondeur des jugements de Dieu, et la sévérité de sa justice, on pourrait parler avec plus de lumière de ceux qui vivent dans la pénitence, et dire qu'ils se tiennent dans de justes bornes, ou qu'ils excèdent et qu'ils en font trop. Mais comme ce sont des choses cachées, desquelles Dieu s'est réservé la connaissance, un pécheur aura toujours sujet de craindre (quoi qu'on lui dise et quoi qu'il fasse) que quand ses iniquités seront mises dans la balance auprès des œuvres qu'il aura faites pour les expier, ces paroles ne lui soient appliquées[68], *Appensus est in statera, et inventus es minus habens*. Ainsi il ne doit pas donner aisément sa créance à ceux qui lui disent qu'il en fait trop, et qui traitent sa pénitence comme un excès qui mérite qu'on le condamne. Et particulièrement dans la décadence de nos temps où l'usage de la pénitence est si rare et si peu connu même de ceux qui prétendent penser avec plus d'application que les autres à leur salut. Car on peut dire qu'on a pris tant de soin d'aplanir les chemins, d'en arracher les peines et les ronces, que de quelque pays qu'on veuille revenir à Jésus Christ, on ne marche que par des plaines et par des campagnes. On n'a pas osé combattre la nécessité de porter la croix, la parole de Jésus Christ y est trop expresse, mais on ne fait point de scrupule d'en affaiblir, ou d'en éluder l'obligation par l'explication qu'on lui donne et par la manière dont on s'en acquitte. Et comme on a trouvé dans presque tous les

[68] Dn **5**, 27 / Dan. 5,27

und dem Sünder die dadurch erreichbare Frucht des Vorteils und Trostes.

Wenn geschrieben steht, dass die Buße des Sünders den Himmel mit Freuden erfüllt, kann man zweifeln dass jener, der ihren ganzen Umfang und ihre Reinheit mindert nicht Schmerz und Traurigkeit an den Ort von Trost und Freude bringt?

In Wahrheit, wenn man die Größe und die Anzahl der Sünden kannte, die geheimen Dispositionen der daran Schuldigen , wenn man die Tiefe der Urteile Gottes und die Strenge seiner Gerechtigkeit durchdränge, könnte man erleuchteter über jene sprechen, die in Buße leben, und könnte sagen, dass sie sich in rechten Grenzen dazu hielten oder dass sie übertreten und zuviel täten. Aber, da es verborgene Dinge sind, von denen Gott sich die Kenntnis vorbehalten hat, hat ein Sünder immer Grund zu fürchten (ganz gleich was man ihm sagt und was er tut) dass, wenn sein Unrecht den Werken gegenüber gestellt werden, die er zur Buße tut, dass diese Worte auf ihn angewendet werden *Gewogen wurdest du auf der Waage, und zu leicht befunden.* So darf er jenen nicht leicht Glauben schenken, die ihm sagen, er tue zuviel und die seine Buße als ein Übermaß ansieht, das verurteilt werden sollte. Und besonders im heutigen Sittenverfall, wo die Ausübung der Buße so selten und selbst bei denen so wenig sogar bekannt ist, die behaupten, intensiver als andere an ihr Heil zu denken. Wir können behaupten, so viel Mühe aufgewendet zu haben, um die Wege zu ebnen, Dornen und Disteln auszureissen, dass man, woher auch immer man zu Jesus Christus kommen will, nur über ebenes und offenes Feld geht. Wir haben nicht gewagt, gegen die Notwendigkeit anzukämpfen, das Kreuz auf sich zu nehmen, denn das Wort Jesu Christi ist in diesem Zusammenhang nur allzu klar. Wir haben aber keine Bedenken, dessen Verpflichtung abzuschwächen oder zu umgehen durch unsere Interpretation und die Art und Weise, wie wir sie erfüllen. Und da wir in allen Ständen und Berufen das Geheimnis haben entdecken können, diese Verpflichtung mit einem süßen, angenehmen und zügellosen Leben in Einklang zu bringen, braucht man

états et les professions, le secret de l'allier et de la rendre compatible avec l'affaiblissement et la mollesse d'une vie douce, commode et relâchée, il ne faut pas s'étonner si on regarde comme une espèce d'emportement, et comme une singularité vicieuse, ce qui sort des pratiques communes, et des voies ordinaires.

Il est vrai que Jésus Christ s'est offert à son Père en qualité de victime pour la réconciliation du monde, et que la grâce qu'il lui à demandée a été accordée à l'instance de ses prières, à la dignité de sa mort, et au mérite de son sang. Cependant il faut que les hommes s'en fassent l'application par leurs propres souffrances. L'arrêt que Dieu prononça contre eux en suite du péché, n'a point été révoqué; il subsiste encore. Jésus Christ a seulement changé la nature des peines, il les a sanctifiées, et au lieu qu'elles étaient des caractères de la malédiction et des monuments de la colère de Dieu, elles sont devenues comme des degrés par lesquels ils peuvent s'élever à la félicité qu'il leur a méritée par les siennes.

Enfin, Jésus Christ a pris tellement sur lui la punition du péché, qu'il n'a point dispensé les hommes de la souffrir; il a bu le calice afin de nous rendre dignes de le boire après lui. Et il a voulu qu'il passe de sa bouche à celle de tous les pécheurs, selon ces paroles du Prophète: tous les pécheurs sans exception en boiront; *Bibent omnes peccatores terræ*[69] en réservant ce qu'il a de plus amer à ceux qui sont davantage selon son cœur, et qui lui sont plus particulièrement consacrés. Ainsi, prétendre à la gloire sans y aller par la participation de ses souffrances, c'est se tromper, c'est renverser cet ordre si nécessaire, si saint et si adorable, qu'il a établi dans le monde par son propre exemple, c'est détruire cette correspondance toute divine qui doit se rencontrer entre le chef et les membres; au lieu de porter dans notre corps, comme le dit le saint apôtre[70] la mortification de Jésus Christ: *Mortificationem Jesu in corpore nostre cicumferentes*,

[69] Ps 74, 9
[70] 2 Co 4, 10

sich nicht zu wundern, wenn man das, was sich bei den gängigen Praktiken und üblichen Lebensweisen ergibt, als eine Art Wahnsinn und seltsam lasterhaftes Verhalten ansieht.

Es ist wahr, dass Jesus Christus sich als Opferlamm hingegeben hat, um die Welt mit Gott zu versöhnen, und dass die Gnade, um die er Ihn gebeten hat, Ihm zuteil wurde durch die Inständigkeit Seines Gebetes, durch Sein würdevolles Sterben und dank Seines Blutes. Trotz allem müssen die Menschen auch ihren Beitrag durch ihre Leiden leisten; das Urteil, welches Gott über ihre Erbsünde gesprochen hat, ist keineswegs zurückgenommen worden; es besteht weiterhin. Jesus Christus hat nur die Natur der Strafen umgewandelt, Er hat sie zu Heilsinstrumenten gemacht. Sie waren einmal Merkmale des Fluches und des Zornes Gottes, nun sind sie zu Stufen auf der Leiter zur Glückseligkeit geworden, die Er durch Seine Leiden für uns erwirkt hat.

Schließlich hat Jesus Christus auf eine Weise die Strafe für die Sünde auf sich genommen, dass Er die Menschen keineswegs davon befreit hat, sie auch auf sich zu nehmen; Er hat den Kelch getrunken, um uns würdig zu machen, ihn nach Ihm zu trinken; Er wollte, dass er von Seinem Mund weitergereicht wird zum Mund aller Sünder, gemäß den Worten des Propheten. *Alle Sünder der Erde werden davon trinken.* Was der Kelch an noch Bitterem beinhaltet, hat Er für die bestimmt, die Seinem Herzen am nächsten sind und Ihm auf ganz besondere Art und Weise geweiht sind. So ist es eine Täuschung zu behaupten, man könne Anspruch auf Seine Herrlichkeit erheben, ohne an Seinen Leiden teilzuhaben. Dies würde bedeuten, die so notwendige, heilsame und anbetungswürdige Ordnung umzustoßen, die Er durch Sein eigenes Beispiel aufgerichtet hat, würde bedeuten, jenes göttliche Zwiegespräch zu stören, das zwischen Haupt und Gliedern bestehen muss, anstatt, wie es der heilige Apostel ausdrückt das Todesleiden Jesu Christi an unserem Leib zu tragen: *das Sterben Jesu an unserem Leib herumtragend,*

c'est-à-dire au lieu d'attacher à la croix nos cupidités, nos passions, et toutes les inclinations de la nature, avec les clous de la mortification et de la pénitence. C'est là votre sort, mes frères, quoi qu'on en dise, c'est votre partage, c'est votre dignité. C'est là la marque de la distinction avec laquelle il a plu à Dieu de vous traiter en vous destinant à sa gloire, et vous appelant à l'héritage de ses saints. *In partem sortis sanctorum.*

Ce sont des vérités, mes frères, que Jésus Christ nous a enseignées, qu'il a autorisées par son exemple, scellées de son sang, qui se sont conservées dans la tradition de son Église, par la fidélité et la religion avec laquelle ses serviteurs les ont observées. Et si on remonte dans la suite des siècles, et qu'on aille depuis nos temps jusqu'aux origines et aux sources, on trouvera par ces monuments qui se sont gardés de la vie et des actions des saints qu'il n'y a rien qui se soit fait remarquer, ni qui ait dominé davantage dans leur conduite, que l'amour de la croix, de la mortification et de la souffrance.

Voilà, mes frères, les véritables principes sur lesquels vous devez résoudre le doute et la difficulté que vous nous avez proposée. Et pour vous en votre particulier, s'il arrivait jamais qu'on veuille attaquer la vie que vous menez, toute commune et modérée qu'elle est, et lui attribuer des excès et des extrémités qu'elle n'a point, répondez avec liberté que quoi que vous puissiez faire, vous n'êtes que des images fort imparfaites de tant de saints et de solitaires qui vous ont précédés, et qui ont servi Jésus Christ dans la faim, dans la soif, dans la nudité, dans le travail et dans les fatigues, dans les veilles, dans les jeûnes, dans les prières et dans les méditations, et dans une infinité d'afflictions longues et pénibles. Qu'il faut supprimer ces histoires si édifiantes de leurs vies, ou vous en interdire la lecture, si on ne veut pas souffrir que vous en exprimiez au moins quelques traits dans les vôtres. Pourquoi les lire seulement pour votre confusion et jamais pour la consolation de les imiter ?

d.h. unsere Begierden, Leidenschaften und Neigungen der Natur ans Kreuz zu heften mit den Nägeln der Erniedrigung und der Buße. Darin, meine Brüder, besteht euer Schicksal, was man sonst auch immer behaupten mag, dies ist euer Beitrag und eure Würde. Dies ist das Merkmal der Erwählung, mit dem es Gott gefallen hat, euch zu behandeln, indem Er euch zu Seiner Herrlichkeit bestimmt und euch dazu aufruft, das Erbe Seiner Heiligen anzutreten. *Hin zum Erbteil der Heiligen.*

Es sind Wahrheiten, meine Brüder, die Jesus Christus uns gelehrt hat, die er durch sein Beispiel beglaubigt hat, besiegelt mit seinem Blut, die in der Tradition seiner Kirche bewahrt werden, durch die Treue und den Glauben, mit der seine Diener sie beachtet haben. Und wenn man die Folge Jahrhunderte zurückgeht und von unserer Zeit bis zu den Ursprüngen und Quellen geht, wird man durch die Denkmäler des Lebens und der Taten der Heiligen finden, dass es nichts Bemerkenswerteres gibt, noch was ihre Lebensführung stärker beherrscht hat, als die Liebe zum Kreuz, zur Abtötung und zum Leiden.

Das sind, meine Brüder, die echten Grundsätze, mit denen ihr die Zweifel und Schwierigkeiten lösen müsst, die ihr aufgeworfen habt. Ein Wort an euch persönlich: Sollte es jemals vorkommen, dass man das Leben, so wie ihr es führt, so gemäßigt und normal es auch ist, kritisieren und ihm Exzesse und sonstige extreme Züge unterstellen wollte, dann antwortet frei heraus, dass ihr trotz aller Anstrengungen eben nur sehr unvollkommene Abbilder so vieler Heiligen und Einsiedler seid, die vor euch gelebt und Christus gedient haben durch Hunger, Durst, Blöße, ermüdende Arbeit, Wachen, Fasten, Gebet und Meditation und durch eine unendliche Fülle von langen und harten Selbstkasteiungen. Man sollte diese so erbaulichen Erzählungen aus ihren Viten löschen oder euch untersagen, diese zu lesen, wenn man es nicht dulden will, dass ihr wenigstens einige Aspekte in eurer Lebensführung verwirklicht. Warum solltet ihr bei der Lektüre derselben nur verwirrt werden und nie Trost darin finden, jene nachzuahmen?

Dites, pour vous resserrer dans votre état, que vous avez des Instituteurs qui sont des saints, qu'ils vous ont donné des Règles et que bien que vous essayiez de les suivre avec exactitude, vous êtes néanmoins fort éloignés de pratiquer les instructions qu'ils vous ont laissées. Que les jeûnes qui s'observaient du temps de saint Benoît et de saint Bernard, dont vous avez embrassé l'Institut, sont beaucoup au-dessus des vôtres; qu'ils ne faisaient qu'un repas chaque jour, à l'heure de None: c'est-à-dire à trois heures de l'après midi; que vous rompez le jeûne à l'heure de midi, et qu'on vous permet de prendre quelque chose le soir. Dites qu'ils vous surpassent aussi dans le travail des mains, puisqu'ils sciaient les blés et qu'ils faisaient la moisson[71]. Dites que du temps de saint Bernard, que vous regardez comme votre Père, les religieux de Cîteaux, auxquels vous succédez, étaient occupés à de semblables travaux, et gardaient la même abstinence. Que leur nourriture ordinaire était de légumes, d'herbes et de racines, qu'on n'assaisonnait qu'avec du sel et de l'eau; qu'on ne leur servait qu'une livre de gros pain par jour, et au cas qu'ils n'en eussent pas assez pour le souper, on en ajoutait d'une nature, dont la farine n'avait point été sassée[72]. Que les infirmes se levaient la nuit à l'heure de la communauté; que le jour du Vendredi saint, ils observaient la nudité des pieds comme le reste de leurs frères. Enfin, dites que votre vie ne tient en rien de cette rigueur et que l'austérité qu'on prétend que vous gardez étant fort inférieure à celle de vos Fondateurs, et de vos Pères, on devrait vous accuser plutôt de relâchement que d'excès.

Pour ce qui est du scrupule qu'on voudrait vous donner sur le nombre de vos Frères que la divine Providence a retirés de ce monde en si peu de temps, vous devez être dans un grand repos, quand vous considérerez qu'ils ont fini leurs jours dans un état, dans une pénitence,

[71] Saint Bernard: Epist. 1, ad nep. SBO Tom. VII,p. 1.
[72] Fastred.: Ep. 386 intra opera Bern.; Instil. Cap. Gén. 1324

Sagt weiterhin, um euch noch mehr an euren Ordensstatus zu binden, dass ihr Heilige als Lehrmeister habt, dass sie euch Regeln gegeben haben und dass ihr trotz aller Versuche, diese genau einzuhalten, weit davon entfernt seid, die Anweisungen, die sie euch gegeben haben, in die Praxis umzusetzen. Sagt auch, dass das Fasten, welches man zur Zeit des hl. Benedikt und des hl. Bernhard einhielt, weit strenger war, als eures jetzt ist: sie hätten nur einmal am Tag zur neunten Stunde eine Mahlzeit zu sich genommen, ihr unterbrächet jedoch das Fasten zur Mittagszeit und man erlaube euch, noch abends etwas zu euch zu nehmen. Sagt weiter, sie würden euch auch in der Handarbeit übertreffen, da sie ja das Getreide selbst geschnitten und gedroschen haben. Fügt hinzu, dass zu Lebzeiten des hl. Bernhard, den ihr als euren Vater anseht, die Mönche von Cîteaux, deren Nachfolger ihr seid, mit ähnlichen Arbeiten beschäftigt waren und die gleiche Enthaltsamkeit übten; dass ihre gewöhnliche Nahrung aus Nüssen, Kräutern und Wurzeln bestand, zubereitet mit gesalzenem Wasser; dass man ihnen pro Tag ein Pfund einfaches Brot vorsetzte und für den Fall, dass es nicht mehr fürs Abendessen reichte, ihnen ein mit ungesiebtem Mehl gebackenes Brot anbot; dass sogar die Kranken nachts zum gemeinsamen Gebet aufstanden und an Karfreitag wie ihre Mitbrüder barfuss gingen. Sagt zu guter Letzt, dass eure Lebensführung sich in nichts mit jener Strenge vergleichen lässt und dass man euch in Anbetracht der Tatsache, dass die Askese, die ihr, wie man behauptet, einhaltet, weit geringer ist als die eurer Gründerväter. Man sollte euch eher der Lockerung der Ordensregel als einer bis an die Grenzen gehenden Erfüllung derselben bezichtigen.

Was die Bedenken angeht, die man euch einreden möchte bezüglich der Anzahl der Mitbrüder, die die göttliche Vorsehung in so kurzer Zeit aus dieser Welt abberufen hat, so seid ganz beruhigt im Wissen darum, dass sie ihre Tage in einer Klostergemeinschaft, mit einer bußfertigen Lebensführung und in Befolgung von Ordensregeln verbracht haben,

et sous des Règles approuvées de l'Église; qu'ils ont trouvé dans le monastère ce qu'ils y avaient cherché, savoir d'y vivre et d'y mourir dans une paix sainte. Que ceux qui quittent le monde et qui se renferment dans les cloîtres par le mouvement de l'Esprit de Dieu, y viennent non pas pour conserver leurs vies, mais pour se préparer à la mort et que bannissant de leur cœur tout amour de ce qui passe, et de ce qui est périssable, ils ne doivent plus être occupés que des choses éternelles.

Saint Bernard était rempli de ce sentiment, quand il refusa aux religieux de saint Anastase[73], comme nous l'avons déjà remarqué, la permission qu'ils lui demandaient d'user de remèdes et de médecines, parce que le méchant air du lieu dans lequel ils vivaient les rendait malades, et qu'il leur accorda seulement l'usage de quelques plantes communes, en leur disant qu'il croyait qu'il avait l'esprit de Dieu, et qu'il leur parlait par son mouvement quand il les avertissait: "Que ceux qui vivaient selon les maximes de la chair, ne pouvaient plaire à Dieu; qu'il fallait acheter les choses spirituelles par les spirituelles. Qu'ils feraient beaucoup mieux de désirer des potions qui leur servent à acquérir l'humilité, et de dire à Dieu avec des cris véhéments: *Sana animam meam quia peccavi tibi*[74]*;* que c'est cette santé-là qu'ils doivent rechercher et conserver de tous leurs soins, parce que celle qui nous vient de la part des hommes, n'est que vanité: *Quia vana salus hominis*[75].

Il fait connaître partout à quel point il était confirmé dans cette pensée; mais nous le voyons encore particulièrement dans le témoignage du Bienheureux Fastrède, que nous venons de citer; lequel rapporte qu'il lui avait ouï dire ces paroles, qu'on ne saurait trop répéter: Il ne suffit pas à un religieux d'alléguer qu'il est infirme, car nos saints Pères et nos saints Prédécesseurs choisissaient des vallées basses et humides, pour y bâtir des monastères, afin que les religieux étant toujours malades,

---

[73] Ep. 321; in SBO: Ep. 345; Tom. VIII, p.286.
[74] Ps 40, 5
[75] Ps 107, 13

die von der Kirche gebilligt worden sind; dass sie schließlich in einem Kloster gefunden haben, was sie suchten: lernen, dort zu leben und in heiligem Frieden zu sterben; dass diejenigen, die der Welt entsagen und sich, berufen durch den Geist Gottes, in ein Kloster zurückziehen, dort nicht eintreten, um ihr Leben zu retten sondern sich auf den Tod vorbereiten und, indem sie aus ihrem Herzen jede Liebe zu Zeitlichem und Vergänglichem verbannen, ihre ganze Aufmerksamkeit auf das richten sollen, was ewig ist.

Der hl. Bernhard war voll dieses Empfindens, als er den Mönchen vom hl. Anastasius, wie wir schon sagten, die Erlaubnis verweigerte, um die sie ihn baten, Heilmitteln und Medizin zu benutzen, weil die schädliche Luft des Ortes, in dem sie lebten, sie krank mache, und dass er ihnen nur den Gebrauch einiger einfacher Kräuter gewährte, sagt ihnen, dass er überzeugt sein unter der Eingebung von Gottes Geist zu ihnen sprach, als er sie lehrte: „Dass jene, die nach den Regeln des Fleisches lebten, Gott nicht gefallen konnten; dass man geistliche Dinge durch geistliche erwerben müsse. Dass sie viel besser daran täten, sich Mittel zu wünschen, die ihnen zur Demut verhülfen und Gott mit leidenschaftlichen Anrufen zu sagen: *Heile meine Seele, da ich gegen Dich gesündigt habe*; dass es diese Gesundheit ist, die sie suchen müssen auf die sie all ihre Sorge verwenden müssten, weil die uns von Menschen zukommende nur Eitelkeit ist: *Denn die Gesundheit des Menschen ist eitel.*

Er teilt überall mit, wie sehr er in diesem Gedanken bestätigt wurde; aber wir sehen es noch besonders bezeugt durch den seligen Fastred, den wir gerade zitiert haben; welcher berichtet, dass er ihn diese Worte hätte sagen hören, die man nicht oft genug wiederholen könnte: Es steht einem Mönch nicht an, vorzubringen, dass er krank sei, denn unsere heiligen Väter und Vorgänger wählten zum Klosterbau tiefe und feuchte Täler, damit die Mönche dauernd krank sind und das

et ayant présente l'image de la mort, ils vivent incessamment dans la crainte du Seigneur.

Croyez donc, mes frères, que l'opinion de ceux qui s'imaginent qu'il n'est pas permis d'entreprendre des austérités quand elles sont capables d'abréger les jours, n'est point l'opinion des saints; qu'ils ont pu vouloir qu'on garde quelque ménagement dans la pénitence, mais qu'ils n'y ont point mis de limites si étroites, que leur vie leur a été beaucoup moins précieuse que leur salut, et qu'ils ont marché dans le chemin de la Croix d'un cœur et d'une volonté plus étendue.

Que si votre vie n'est ni approuvée ni goûtée de la plupart des hommes, qu'il vous suffise pour votre consolation, qu'elle possède tous les caractères et toutes les marques qui peuvent vous faire croire qu'elle est selon l'Esprit de Dieu. Elle n'est ni nouvelle, ni singulière, et on n'a point de fondement légitime pour condamner votre conduite puisque vous ne faites que suivre les maximes de ceux que Jésus Christ vous a donnés pour Instituteurs et pour Pères.

Bild des Todes vor Augen haben und daher immer in der Furcht des Herrn leben.

Glaubt also, meine Brüder, dass die Meinung derjenigen, die glauben, es sei nicht erlaubt, strenge asketische Übungen auf sich zu nehmen, wenn diese das Leben abkürzen können, keineswegs die Meinung der heiligen Urväter ist; es konnte durchaus ihrem Willen entsprechen, dass man bei den Bußübungen eine weniger strenge Form praktizieren kann; aber sie haben dabei wenig Spielraum gelassen, denn ihr Leben war ihnen viel weniger kostbar als ihr Seelenheil und sie sind den Weg des Kreuzes aus vollem Herzen und mit großer Bereitschaft gegangen.

Wenn euer Leben auch von den meisten Menschen nicht gebilligt und geschätzt wird, so soll es für euch als Trost ausreichen, dass es alle charakteristischen Merkmale trägt, die euch glauben lassen können, dass es dem Geiste Gottes entspricht. Es ist nicht neuartig und einzigartig, und man hat keinen legitimen Grund, eure Lebensführung zu verurteilen, weil ihr nichts anderes tut als den Grundsätzen derjenigen zu folgen, die Jesus Christus euch als Lehrmeister und Äbte gegeben hat.

PRIVILEGE DU ROY.

LOUIS par la grace de Dieu, Roy de France & de Navarre; A nos amez & feaux les gens tenans nos Cours de Parlement, Grand Conseil, Requestes ordinaires de nostre Hostel & du Palais, Baillifs, Seneschaux, Prevosts ou leurs Lieutenans, & à tous autres nos Justiciers & Officiers qu'il appartiendra, Salut. Nostre bien Amé François Muguet nostre Imprimeur ordinaire, nous a fait remontrer qu'il a un Manuscrit qui a pour titre, *De la Sainteté & des Devoirs de la Vie Monastique*, lequel il desireroit imprimer, s'il nous plaisoit luy accorder nos Lettres de permission à ce necessaires. Pour ces causes; voulant favorablement traiter l'Exposant, Nous luy avons de nostre grace speciale, pleine puissance & autorité Royale, permis & permettons par ces Presentes, d'imprimer ledit Manuscrit, en tel caractere, & autant de fois qu'il voudra, & ce durant le temps & espace de vingt années, à commencer du jour & datte de l'impression dudit Manuscrit; pendant lequel temps, Nous faisons tres-expresses défenses à tous Libraires, Imprimeurs ou autres de quelque condition qu'ils soient, d'imprimer ledit Ma-

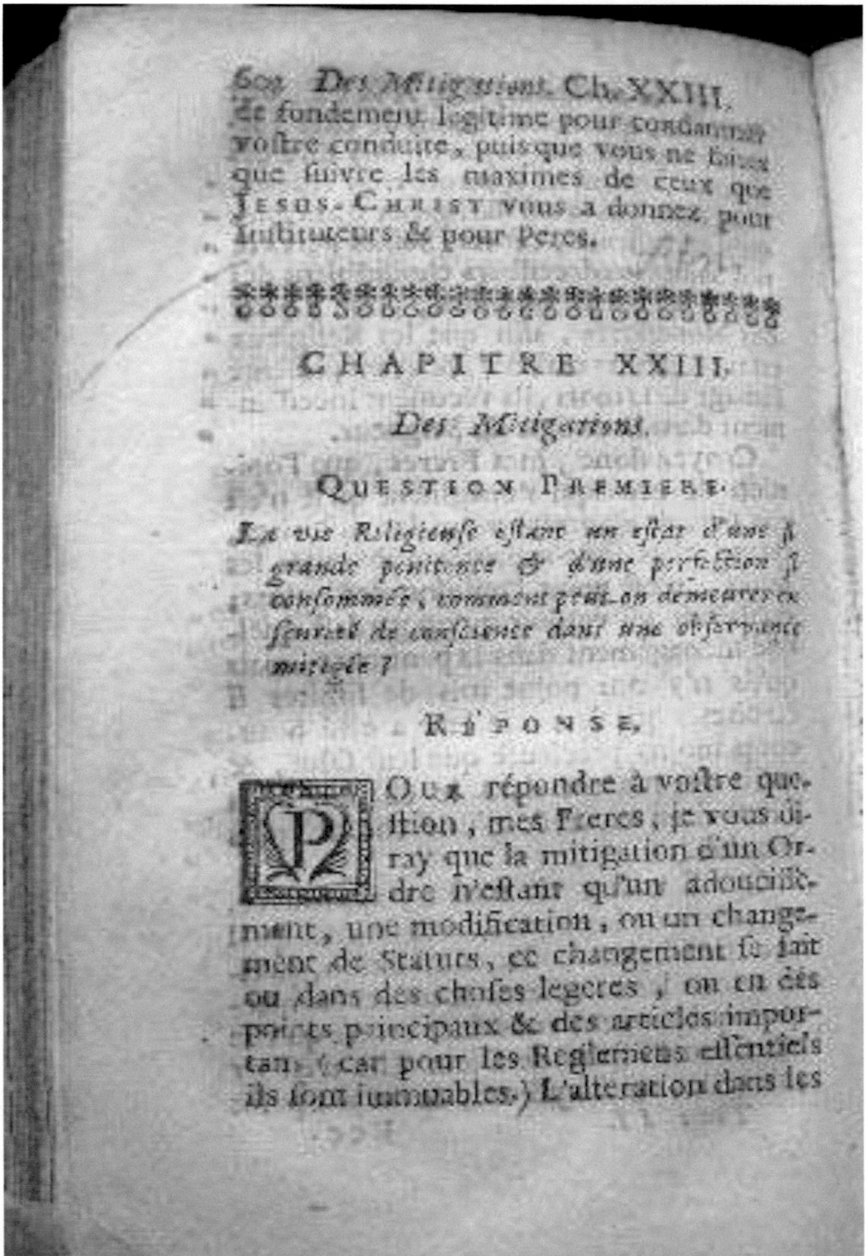

604 Des Mitigations. Ch. XXIII.

de fondement legitime pour condamner vostre conduite, puisque vous ne faites que suivre les maximes de ceux que JESUS-CHRIST vous a donnez pour Instituteurs & pour Peres.

CHAPITRE XXIII.

Des Mitigations.

QUESTION PREMIERE.

La vie Religieuse estant un estat d'une si grande penitence & d'une perfection si consommée, comment peut-on demeurer en seureté de conscience dans une observance mitigée ?

RÉPONSE.

POur répondre à vostre question, mes Freres, je vous diray que la mitigation d'un Ordre n'estant qu'un adoucissement, une modification, ou un changement de Statuts, ce changement se fait ou dans des choses legeres, ou en des points principaux & des articles importans (car pour les Reglemens essentiels ils sont immuables.) L'alteration dans les

Chapitre XXIII - Mitigations

Question première

La vie religieuse étant un état d'une si grande pénitence et d'une perfection si consommée, comment peut-on demeurer en sûreté de conscience dans une observance mitigée ?

Réponse

Pour répondre à votre question, mes frères, je vous dirai que la mitigation d'un Ordre n'étant qu'un adoucissement, une modification ou un changement de Statuts, ce changement se fait ou dans des choses légères, ou en des points principaux et des articles importants (car pour les Règlements essentiels, ils sont immuables). L'altération dans les matières, même peu considérables, n'est jamais exempte de quelque péché, quand elle arrive de la part de ceux qui n'ont pas le pouvoir de la faire; parce que, comme dit très bien saint Bernard[76], on ne saurait négliger le moindre point de sa Règle avec attention et détermination, que l'on ne pèche. Et pour ceux qui ont l'autorité, lorsqu'ils se portent à ces sortes de changements sans avoir des fondements justes et des raisons légitimes, ils pèchent plus que les autres, parce que les supérieurs sont plus étroitement obligés à la transmission[77] et à la conservation des Règles, que ceux qui leur sont soumis. Cependant dans l'un et dans l'autre cas, un religieux peut être en sûreté de conscience dans une Observance mitigée; ce qui s'y trouve de changé étant peu de chose et n'empêchant pas qu'il n'y ait tous les secours et les moyens nécessaires pour se sanctifier, et pour arriver au but et à la fin de son état.

---

[76] De Præc. et disp.; c. 12.13.14.15. SBO Vol. III p. 273…

[77] Rancé emploie le mot du XVIIe siècle: « manutention ».

Kapitel XXIII - Milderungen

ERSTE FRAGE

Wenn das Ordensleben ein Stand von so großer Bußfertigkeit und so meisterhafter Vollkommenheit ist, wie kann man bei einer gemilderten Observanz seines Gewissens sicher sein?

Antwort

Um eure Frage zu beantworten, meine Brüder, sage ich euch, dass die Milderung eines Ordens nichts ist als eine Aufweichung, eine Änderung oder ein Wechsel in den Statuten; diese Änderungen finden nur in nebensächlichen Dingen oder auch in wichtigen Punkten und bedeutenden Artikeln statt (denn die grundlegenden Regeln sind nicht zu ändern). Die Änderung, ist selbst bei wenig bedeutsamen Inhalten nie frei von einer gewissen Sünde, wenn sie seitens jener kommt, die nicht die Macht zu ihrer Durchsetzung haben; weil wie der hl. Bernhard sehr gut sagt, man nicht den geringsten Punkt seiner Regel mit Bewusstsein und Willen missachten könnte ohne zu sündigen. Und jene, die die Autorität haben, wenn sie sich zu solchen Änderungen ohne gerechte Begründung und legitime Gründe entschließen, sündigen mehr als die anderen, weil die Oberen noch enger zur Umsetzung und Bewahrung der Regeln verpflichtet sind als jene, die ihnen untergeben sind. Dennoch kann ein Mönch im einem und im anderen Fall mit sicherem Gewissen in einer abgemilderten Observanz sein; wenn das, was geändert ist, nicht von großem Gewicht ist und nicht verhindert, dass es alle Hilfen und die notwendigen Mittel gibt, um sich zu heiligen sowie zum Ziel und Ende seines Standes zu gelangen.

Question II

Le supérieur d'un monastère n'est-il pas une règle vivante ? Et ne peut-il pas modifier la Règle quand il lui plait ?

Réponse

Non; c'est un abus de l'entreprendre[78]; il est soumis à la Règle comme les autres et même plus que les autres. Saint Benoît ordonne[79] que sa Règle soit gardée de tous, sans distinction, et avec une exactitude égale. Je prends celle-là pour exemple: *In omnibus omnes magistram sequantur regulam, neque ab ea temerè devietur à quoquam.* Le supérieur n'a de l'autorité que pour faire qu'elle s'observe, pour la conserver dans son intégrité; et il doit y contribuer de sa parole, de son exemple et de tous ses soins. Et on ne l'appelle (le supérieur) la Règle vivante, que parce qu'elle doit être et se faire voir plus vive, plus animée et plus entière dans sa conduite que dans celle de ses frères.

Saint Benoît veut[80] que le supérieur conduise beaucoup plus par la sainteté et par l'exemple de sa vie que par ses instructions.

Saint Basile nous apprend[81] que sa conversation[82] doit être si exacte, ses mœurs si graves et si dignes de son état, qu'elles puissent servir de loi et de règles à toute la communauté. Le même saint dit ailleurs qu'il faut qu'un supérieur soit au-dessus de ceux qui sont sous sa charge, par la prudence, la gravité, l'exactitude et par le règlement de sa vie, afin que les vertus qui éclatent en sa personne rejaillissent sur ceux qui l'ont choisi pour leur modèle, et qui tâchent de l'imiter.

---

[78] De Præc. et disp.; c.4; SBO vol.III, p. 259.
[79] RB c.3
[80] Id. c. 2
[81] Serm. 1 de Instit. Mon. c.2
[82] Cf. note 20 p. 11

FRAGE II

Ist der Obere eines Klosters nicht eine lebendige Regel? Und kann er die Regel nicht ändern, wenn es ihm gefällt?

Antwort

Nein; das zu unternehmen ist ein Missbrauch; wie die anderen ist er der Regel unterworfen und sogar mehr als die anderen. Der hl. Benedikt ordnet an, dass seine Regel von allen, ohne Unterschied und mit gleicher Genauigkeit eingehalten wird. Ich nehme folgendes als Beispiel: *Alle sollen in jeder Hinsicht die Regel als ihre Meisterin befolgen und niemand soll leichtsinnig davon abweichen* Die Autorität eines Abts besteht nur darin, dafür zu sorgen, dass man sie beachtet und ohne Abstriche einhält. Dazu muss er mit seinem Wort, mit seinem Beispiel und mit seiner ganzen Sorge beitragen. Man nennt ihn ‚die Ordensregel in Person', weil sie in seiner Lebensführung enthalten und lebendiger und umfassender sichtbar sein muss als in der seiner Mitbrüder.

Der hl. Benedikt will dass ein Abt viel mehr durch seine Untadeligkeit und durch das Beispiel seines Lebens als Leiter fungiert als durch seine Anweisungen.

Der hl. Basilius lehrt uns, dass seine Gespräche so genau, seine Sitten so ernst und würdig seines Standes sein sollen, dass sie der ganzen Gemeinschaft als Gesetz und Regel dienen können. Derselbe Heilige sagt andernorts, dass ein Oberer durch Klugheit, Ernst, Genauigkeit und die Ordnung seines Lebens über jenen stehe, die unter seiner Verantwortung sind, damit die Tugenden, die in seiner Person aufscheinen, überspringen auf jene, die ihn als ihr Vorbild gewählt haben und versuchen, es ihm gleich zu tun.

C'est donc quand le supérieur a ces qualités qu'il doit être regardé comme une Règle vivante, et non pas quand il en a de contraires. C'est quand il maintient sa Règle parmi ses frères et non pas quand il la détruite. Enfin, c'est quand sa conduite est si exemplaire et si réglée que, comme dit saint Benoît, il fait dans le monastère ce que Jésus Christ y ferait lui-même s'il y était[83]. *Christi enim agere vices in monasterio creditur.*

Cela suffit pour faire voir que cette maxime qui met les communautés religieuses dans une fausse sécurité, est mal entendue; que le sens qu'on lui donne n'est qu'une imagination trompeuse et grossière, qui ne sert qu'à autoriser le mauvais usage que les supérieurs font de leur pouvoir et la licence de ceux qui leur sont soumis.

Pour ce qui est des mitigations en des points considérables et dans les pratiques importantes, elles ont été introduites ou par le libertinage et l'impénitence des moines; ou par l'inapplication, la négligence, la malignité ou la fausse prudence des supérieurs réguliers; ou par l'autorité de l'Église. Dans ces premiers cas, elles ne doivent être regardées que comme une violation de la Règle et comme une transgression de la loi. Et l'antiquité, l'approbation de ces supérieurs, et le consentement des particuliers, ne les rend ni plus légitimes, ni moins criminelles. C'est à proprement parler, une corruption d'état, comme nous l'avons déjà dit; c'est une destruction, colorée de prétextes apparents. C'est une prévarication honteuse, de laquelle on ne rougit plus parce qu'elle n'est plus nouvelle et que l'on y est accoutumé. Et comme la vérité subsiste toujours en elle-même, qu'elle ne peut être détruite par les coutumes contraires; que les crimes pour être devenus publics n'abrogent point la loi et qu'il n'y aurait rien de plus extravagant que de prétendre qu'elle aurait perdu sa force parce que les infractions se sont multipliées et qu'elles ne sont plus punies, et de vouloir faire passer les coupables pour innocents à cause du grand nombre de complices.

---

[83] RB c.2

So soll also der Obere, wenn er diese Eigenschaften besitzt, als eine lebende Regel angesehen werden, jedoch nicht, wenn er gegensätzliche hat. Es gilt dann, wenn er seine Regel unter seinen Brüdern aufrechterhält und nicht, wenn er sie zerstört. Es gilt schließlich dann, wenn seine Führung so ordentlich und beispielhaft ist, wie der hl. Benedikt sagt, dass er im Kloster das tut, was Jesus Christus selbst tun würde, wenn er dort wäre. *Denn man glaubt, dass er die Stelle Christi im Kloster vertritt.*

Dies genügt, um zu zeigen, dass dieser Grundsatz, der die Ordensgemeinschaften in einer falschen Sicherheit wiegt, oft falsch verstanden wird und dass der Sinn, den man ihm beimisst, nur eine trügerische und unangemessene Vorstellung ausmacht, die nur dazu dient, den schlechten Gebrauch zu rechtfertigen, den Äbte von ihrer Macht machen, und die Zügellosigkeit derjenigen, die ihnen unterstehen.

Was Milderungen in bedeutenden Punkten und wichtigen Praktiken betrifft, so wurden diese durch die Beliebigkeit und Verstocktheit der Mönche eingeführt; oder durch die Unbekümmertheit, Nachlässigkeit, Bosheit oder falsche Vorsicht der regulären Oberen; oder durch die Autorität der Kirche. In den ersten Fällen darf man sie nur als eine Verletzung der Regel und Übertretung des Gesetzes ansehen. Und ihr Alter, die Genehmigung durch diese Oberen und die Zustimmung der Einzelnen macht sie weder legitimer noch weniger verbrecherisch. Streng genommen ist es eine Verderbnis des Standes, wie wir bereits gesagt haben; eine Zerstörung, gefärbt von offensichtlichen Vorwänden. Es ist eine beschämende Pflichtverletzung, bei der man nicht mehr errötet, weil sie nicht mehr neu und man daran gewöhnt ist. Und da die Wahrheit immer durch sich selbst fortbesteht, kann sie nicht durch gegenteilige Bräuche zerstört werden; dass die Verbrechen, durch ihr Öffentlichwerden das Gesetz nicht abschaffen, und dass es nichts Verrückteres gäbe als zu behaupten, dass es seine Kraft verloren hätte, weil die Verstöße zugenommen haben und nicht mehr bestraft werden und dass man die Schuldigen als unschuldig gelten lässt wegen der großen Zahl der Mittäter.

La Règle est toujours en elle-même ce qu'elle a été dans son commencement; elle n'est point révoquée par l'inobservation. Les contraventions n'empêchent pas que ceux qui l'ont professée ne soient obligés de la garder. Il faut convenir que ces sortes de mitigations sont abusives, que ceux qui les embrassent les premiers et ceux qui les suivent, sont dans l'erreur et dans le péché; qu'ils vivent dans une prévarication constante et que c'est sans fondement et par une illusion déplorable qu'ils se persuadent être dans le port, lorsqu'en fait, ils sont dans le milieu du naufrage.

C'est une vérité constante, mes frères, que les religieux sont obligés de garder leurs Règles, à moins qu'elles ne soient changées par des mitigations légitimes. Et on ne peut en transgresser les statuts et les pratiques, comme nous venons de l'avancer, sans un péché considérable, et sans une offense qui, selon saint Bernard[84], mérite le nom de crime et donne la mort: *Reliqua universa non profitentibus quidem monita tantum, seu consilia censenda sunt, nec gravant non observata, cum tamen profitentibus, in præcepta, prævaricantibus, incrimina fiant.*

Afin que la chose soit plus claire, prenons pour exemple la Règle de saint Benoît, qui est présentement la plus étendue et de laquelle il s'est formé dans l'Église plus d'observances régulières. On y a quitté l'abstinence de la viande, l'austérité des jeûnes, les veilles, les couches dures, le travail des mains, la solitude, le silence dans comme hors des monastères, la rareté des conférences entre les frères, l'éloignement des affaires et des communications avec le monde, que saint Benoît exprime par ces paroles[85]: *A sæculi actibus se facere alienum*; la pauvreté, la simplicité si recommandée, les humiliations, les mortifications du corps et de l'esprit, la conduite du supérieur, la stabilité dans le monastère, et quantité de pratiques semblables.

[84] De præc. Et disp. c. 1-2; SBO Vol. III pp. 255-256
[85] RB c.4

Die Regel ist immer in sich selbst das, was sie am Anfang war; durch Nichtbeachtung wird sie nicht widerrufen. Die Verletzungen verhindern nicht, dass jene, die sich darauf versprochen haben, sich weiter daran halten müssen. Man muss übereinstimmen, dass diese Art Milderungen missbräuchlich sind, dass jene, die sie als erste aufgreifen und jene, die ihnen folgen, sich in Irrtum und Sünde befinden; dass sie dauernd gegen ihre Pflicht verstoßen, und dass es ohne Begründung und durch eine bedauernswerte Illusion geschieht, wenn sie sich überreden, im Hafen zu sein, während sie tatsächlich inmitten des Schiffbruchs sind.

Es ist eine beständige Wahrheit, meine Brüder, dass die Mönche verpflichtet sind, ihre Regeln zu einzuhalten, es sei denn, diese seien durch legitime Milderungen geändert worden. Und man kann deren Statuten und Praktiken nicht übertreten, wie wir soeben vorbrachten, ohne eine erhebliche Sünde und Beleidigung zu begehen, die nach dem hl. Bernhard den Namen Verbrechen verdient und zum Tode führt: *Alle übrigen Regelungen sind freilich nur als Ermahnungen oder als Ratschläge zu bewerten und sie belasten nicht, wenn sie nicht gehalten werden, während sie aber für die, die ihr Gelübde abgelegt haben, zu Geboten werden, und für die, die ihre Pflicht nicht erfüllen, zur Anklage.* Damit die Sache klarer ist, nehmen wir als Beispiel die Regel des hl. Benedikt, welche derzeit die ausführlichste ist und aus der sich in der Kirche viele regelrechte Observanzen gebildet haben. Man hat dort die Enthaltsamkeit von Fleisch, strenges Fasten, Nachtwachen, harte Lager, Handarbeit, Einsamkeit, Stille inner- wie außerhalb der Klöster, seltene Zusammenkünfte der Brüder, Abstand von weltlichen Angelegenheiten und Umgang aufgegeben, die der hl. Benedikt durch diese Worte ausdrückt: *den Geschäftigkeiten der Welt sich entfremden;* die Armut, die dringend empfohlene Einfachheit, Erniedrigungen, Abtötung des Leibes und des Geistes, die Lebensführung des Oberen, die Ortsbeständigkeit im Kloster und viele ähnlicher Verhaltensweisen.

Si ce changement est arrivé par la décadence des temps et par le libertinage des frères, c'est une corruption toute évidente qui n'empêche point que la Règle ne subsiste en elle-même. Si c'est par le ministère des supérieurs monastiques, ils n'ont point eu d'autorité pour cela, et leur conduite ne peut être regardée que comme une présomption et une entreprise injuste. Car quoique le supérieurs, par de justes raisons et des considérations saintes puissent dispenser de quelques observances, il faut que ce soit seulement en quelques cas, pour quelques personnes, et pour quelque temps.

À moins que la nécessité qui les a portés à accorder cette dispense ne cessant point, les oblige de la continuer. Mais de changer toutes ces différentes pratiques que nous venons de nommer, cela passe leur pouvoir, c'est abolir une observance régulière, c'est lui ôter ce qui la forme et ce qui la conserve. Et cependant, elle ne peut être légitimement détruite que par la même autorité qui l'a établie, je veux dire celle du Pape et de l'Église. Mais quand cela n'excèderait pas la puissance des supérieurs monastiques, ils ne le peuvent faire que par une véritable nécessité et par une dispensation charitable et pour l'utilité de l'Église, comme nous l'apprenons de saint Bernard[86]:*Nonne justissimum esse liquet, ut quæ pro charitate inventa fuerunt, pro charitate quoque, ubi expedire videbitur, vel omittandur, vel intermittantur, vel in aliud forte commodiùs demutentur... Ubi ergo necessitas fuerit, ad utilitatim Ecclesiæ, qui potestatem habet, ea dispenset; ex necessitatite enim sit mutatio legis*. Et c'est ce que ne se rencontre point dans la plupart des mitigations dont nous avons quelque connaissance. Car si c'est la charité qui les a fait agir, il faut qu'ils aient eu devant les yeux la gloire de Dieu, la sanctification de leurs frères, l'édification de l'Église et leur propre salut.

[86] De Præc. Et disp. c. 2; SBO Vol. III; p. 257.

Wenn diese Änderung durch den Verfall in der Zeiten und durch die Bindungslosigkeit der Brüder eingetreten ist, ist dies eine ganz offensichtliche Verderbnis, die aber keineswegs verhindert, dass die Regel in sich selbst fortbestehen bleibt. Wenn es durch den Dienst der Ordensoberen geschieht, so haben dieser keinerlei Vollmacht dazu gehabt, und ihre Führung kann man nur als Anmaßung und als ein unrechtes Unterfangen ansehen. Denn, obwohl die Oberen bei gerechten Gründen und in heiliger Erwägung von einigen Pflichten entbinden können, darf dies nur in einzelnen Fällen, für einzelne Personen und für begrenzte Zeit geschehen.

Es sei denn, die Notwendigkeit, die sie dazu gebracht hat, diese Befreiung zu gewähren, hört nicht auf und zwingt sie zu einer Verlängerung. Aber all diese verschiedenen Praktiken zu ändern, die wir soeben genannt haben, das geht über ihre Befugnis hinaus, es bedeutet, die regeltreuer Observanz abzuschaffen, ihr das wegzunehmen, was sie bildet und bewahrt. Indessen kann sie legitim nur durch dieselbe Autorität zerstört werden, die sie aufgestellt hat, das heißt die des Papstes und der Kirche. Aber, wenn es innerhalb der Befugnis der Ordensoberen bleibt, dürfen sie es nur aufgrund echter Notwendigkeit und durch einen Dispens aus Barmherzigkeit und zum Nutzen für die Kirche tun, wie wir von hl. Bernhard lernen: *Ist es denn nicht klarerweise ganz berechtigt, dass die Einrichtungen, die für die Liebe geschaffen wurden, auch um der Liebe willen, wo es passend erscheint, entweder fallen gelassen, oder unterbrochen, oder etwa in mehr geeignete umgeändert werden?... Wo also eine Notwendigkeit zum Nutzen der Kirche vorliegt, soll der, der die Vollmacht hat, entpflichten. Denn Not kennt kein Gebot.* Und genau dies findet sich aber nicht in den meisten Milderungen, von denen wir eine Kenntnis haben. Denn, wenn es die Barmherzigkeit ist, die sie handeln ließ, ist es notwendig, dass sie die Ehre Gottes, die Heiligung ihrer Brüder, die Erbauung der Kirche und ihr eigenes Heil vor Augen gehabt haben.

Mais bien loin que l'on y remarque aucun de ces motifs, l'on n'y voit rien qui ne persuade qu'on a eu des vues toutes contraires, puisque dans tous les lieux où ces mitigations ont été introduites, les dérèglements qui s'y commettent donnent des armes aux ennemis de Dieu pour attaquer la gloire de son nom, remplissent son Église de scandales et condamnent à son jugement les religieux qui se laissent conduire dans cette inobservance, comme les supérieurs qui les y conduisent.

Secondement, tous les religieux qui s'engagent au service de Jésus Christ sous la règle de saint Benoît, lui promettent par leur profession de changer leurs mœurs selon cette Règle[87]: *Promitto conversionem morum meorum secundum regulam sancti Benedicti.* C'est-à-dire d'instituer leur vie, de la régler et de la former sur les maximes, les instructions et les pratiques qui s'y trouvent établies, et de tendre à la perfection, qui est le but et la fin de toutes les Observances religieuses par les moyens qu'elle leur prescrit. C'est une vérité si évidente qu'il n'y aurait rien de moins raisonnable que de la contester, ni rien de plus inutile que de vouloir en faire la preuve. Cela étant ainsi, peut-il y avoir une violation de la Règle plus positive, une transgression plus littérale que d'abandonner ses règlements, ces moyens et toutes ces différentes pratiques, selon lesquelles on a promis à Dieu de travailler à la conversion de sa vie ? Et peut-on regarder une telle conduite, quand elle est fixe, autrement que comme une transgression d'état, et ceux qui la suivent comme des prévaricateurs de profession ?

Troisièmement, tout homme qui s'est consacré à Dieu par les vœux de la religion, est dans l'obligation de tendre à ce qu'il y a de plus saint dans la vie chrétienne, et de s'élever, comme nous l'avons dit, à ce que l'Évangile de Jésus Christ a de plus pur, de plus excellent et de plus parfait.

---

[87] RB 58

Aber wir sind weit weg davon, irgend eines dieser Motive dort zu erkennen; alles was man sieht, überzeugt einen vom genauen Gegenteil, da in allen Orten, wo diese Milderungen eingeführt worden sind, die dort begangenen Regellosigkeiten den Feinden Gottes Waffen liefern, gegen die Ehre seines Namens anzugehen, seine Kirche mit Ärgernissen anzufüllen und mit ihrem Urteil die Ordensleute zu verdammen, die sich zu diesem Ungehorsam verführen lassen, ebenso wie die Oberen, die sie dahin leiten.

Zweitens, alle Mönche, die sich zum Dienste Jesu Christi nach der Regel des hl. Benedikt verpflichten, versprechen ihm durch ihr Gelübde, ihre Sitten gemäß dieser Regel zu ändern: *Ich verspreche die Bekehrung meines Verhaltens nach der Regel des heiligen Benedikt.* Das heißt ihr Leben einzubringen, es zu regeln und zu bilden aufgrund der Leitsätze, der Lehren und der Praktiken, die dort aufgestellt sind, und die Vollendung anzustreben, die das Ziel und Ende aller religiösen Observanzen durch die Mittel ist, die sie vorschreibt. Das ist eine so offensichtliche Wahrheit, dass es kaum etwas Unvernünftigeres gibt, als dies bestreiten, und nichts Unnötigeres, als es beweisen zu wollen. Da dies so ist, kann es eine definitivere Verletzung der Regel geben, eine konkretere Übertretung, als ihre Gebote, ihre Mittel, und all die verschiedenen Praktiken aufzugeben, nach denen man Gott versprochen hat, an der Umkehr seines Lebens zu arbeiten? Und kann man eine solche Lebensführung, wenn sie fest ist, anders betrachten als eine Übertretung des Standes und die, welche ihr folgen, als Pflichtvergessene ihrer Berufung?

Drittens: jeder Mensch, der sich durch die Ordensgelübde Gott geweiht hat, steht in der Verpflichtung nach dem zu streben, was es an Heiligstem in einem Christenleben gibt, und sich zu dem zu erheben, was das Evangelium an Reinstem, an Hervorragendstem und an Vollkommenstem bietet.

C'est ce que nous ont appris non seulement les saints des premiers siècles comme saint Ephrem, saint Basile, Cassien, saint Jean Climaque, et ceux qui sont venus longtemps après eux, comme saint Bernard et saint Thomas, mais encore ceux qui dans notre temps ont écrit des devoirs des religieux avec plus de piété et de lumière, comme sainte Thérèse, Rodriguez, le Père Saint Jure. Et il n'y en a pas un dont le sentiment ne soit que tout religieux qui ne se trouve pas dans cette disposition n'est point en voie de salut. Or, cette perfection est un but auquel on n'arrive que par les moyens et les voies que les Saints ont établies. Tous ceux dont la Providence s'est servie pour instituer dans son Église des Ordres et des Congrégations monastiques, n'ont jamais manqué de faire des lois et des Règles pour parvenir à cette fin.

Et dans la Règle de saint Benoît que nous avons prise pour exemple, les moyens et les exercices que ce grand saint a donnés à tous ceux desquels il devait être le Père, sont ceux que nous avons nommés et dont nous ne voyons presque plus de marques ni de vestiges dans les monastères ni les communautés relâchées. Et rien ce me semble, n'est plus contre la raison et contre le bon sens que de se figurer que des personnes se proposent une fin, et travaillent pour l'acquérir, quand non seulement elle rejettent les moyens et les voies établies par ceux que Dieu a préposés pour leur donner en cela lumière, direction et conduite; mais encore quand ils en prennent qui leur sont toutes contraires.

Si un homme marchait du côté de l'Occident et que lui ayant demandé où il prétend aller, il me répondait qu'il s'est va en Chine ou dans le Japon, je ne conclurais autre chose de sa réponse, sinon qu'il aurait perdu la raison, ou qu'il se serait égaré sans le savoir; ou bien qu'il me parlerait contre ce qu'il pense.

Dies haben uns nicht nur die Heiligen der ersten Jahrhunderte gelehrt, wie der hl. Ephrem, der hl. Basilius, der hl. Kassian, der hl. Johannes Klimakos und die, die lange nach ihnen kamen, wie der hl. Bernhard und der hl. Thomas, sondern auch noch diejenigen, die in unserer Zeit über die Pflichten der Ordensleute mit größerer Hingabe und Erleuchtung geschrieben haben, wie die hl. Theresa, Rodriguez, Pater Saint Jure. Bei ihnen allen war ihr Herz ganz auf Gott gerichtet, und wer sich nicht in einer solchen Verfassung befindet, ist auch keineswegs auf dem Weg des Heils. Nun ist diese Vollkommenheit ein Ziel, welches man nur mit den Mitteln und auf den Wegen erreicht, die uns die Heiligen vorgegeben haben. All diejenigen, derer sich die göttliche Vorsehung bedient hat, um in Seiner Kirche Orden und klösterliche Gemeinschaften zu gründen, haben es nie versäumt, Gesetze und Regeln zu erlassen, um an dieses Ziel zu gelangen.

Und in der Regel des hl. Benedikt, die wir als Beispiel genommen haben, sind die Mittel und Übungen, die dieser große Heilige all jenen gegeben hat, denen er Vater sein musste, jene, die wir genannt haben, und von denen wir in den Klöstern und den gelockerten Gemeinschaften fast keine Zeichen oder Überreste mehr sehen. Und nichts scheint mir mehr gegen die Vernunft und den gesunden Menschenverstand zu verstoßen, als sich vorzustellen, dass Personen sich ein Ziel vornehmen und darauf hinarbeiten, und sie dann nicht nur die Mittel und Wege ablehnen, die von den durch Gott zu ihrer Erleuchtung Richtung und Führung Berufenen aufgestellt wurden, sondern sie dann auch noch solche nehmen, die genau das Gegenteil bewirken.

Wenn ein Mann nach Westen geht und, gefragt, wohin er gehen will, antwortet, nach China oder Japan, würde ich schließen, dass er den Verstand verloren hat, oder sich irrtümlich verlaufen hat oder dass der mir etwas anderes erzählen würde als er denkt.

C'est à ces gens-là que s'adresse saint Augustin quand il dit[88]: „*Tendis ad portum ? ad saxa properas* “. Vous prétendez arriver au port par la route que vous tenez; mais vous êtes bien trompé, car vous allez, à pleines voiles, donner contre les rochers.

Que dirait-on d'un homme qui étant commis à la garde d'une place importante dans le milieu d'un pays ennemi, en démolirait tous les fortifications et toutes les défenses, sinon que son dessein serait d'en faciliter la prise, et de la mettre hors d'état de pouvoir se défendre lorsqu'elle serait attaquée. Ainsi n'a-t-on pas sujet de penser que ceux qui s'imaginent en faire assez, en disant qu'ils veulent garder la pauvreté, la chasteté, l'obéissance, comme des choses essentielles à l'état religieux, et qui néanmoins abolissent sans honte et sans crainte les régularités, les observances et les pratiques que les saints ont établies pour les conserver, ont envie de livrer la place, et qu'ils ne se soucient dans le fond ni de la pauvreté, ni de la chasteté, ni de l'obéissance.

C'est précisément ce quoi se passe dans le fait présent. Saint Benoît a institué des jeûnes, des veilles, des abstinences, des travaux corporels, et la mortification, pour détruire l'impureté de la chair, pour acquérir et pour conserver cette pureté qui est si rare, et si opposée à toutes les pensées et les inclinations de la nature. N'est-ce pas se tromper et tromper les autres que de vouloir parvenir à ce que ce grand saint se propose, en menant une vie molle et relâchée, et la voulant passer dans la bonne chère, l'oisiveté, l'inutilité, et dans la recherche de ses satisfactions et de ses plaisirs ?

---

[88] Cf.: 2e discours sur le Ps 31, n° 4; Discours sur les Psaumes, vol. I, p. 333. Cerf; Coll. Sagesses chrétiennes, Paris, 2007.

An diese Leute wendet sich der hl. Augustinus, wenn er sagt: „*Du nimmst Kurs zum Hafen und in der Eile kommst du auf einen Felsen*“. Ihr behauptet, durch diese Straße zum Hafen zu kommen; aber ihr seid sehr im Irrtum, denn ihr werdet mit vollen Segeln gegen die Felsen schellen.

Was würde man von einem Mann anderes sagen, der einen wichtigen Platz inmitten eines feindlichen Landes bewachen muss und der dann alle Befestigungen und Abwehranlagen abreißen würde, als dass seine Absicht darin bestände, dessen Eroberung zu erleichtern und ihn außer Stand der Verteidigung zu versetzen, wenn er angegriffen würde. Hat man also nicht Grund zu meinen, dass diejenigen, die sich einbilden, sie würden genug daran tun, wenn sie erklären, Armut, Keuschheit und Gehorsam als wesentliche Bestandteile des Ordensstandes befolgen zu wollen, und die trotzdem scham- und hemmungslos die Regeln, Observanzen und Praktiken, die die Heiligen aufgestellt haben, um eingehalten zu werden, dass also diese Leute Lust verspüren, ihre Stellung zu verraten und sich im Grunde weder um Armut noch um Keuschheit noch um Gehorsam kümmern?

Genau dieses ereignet sich in der gegenwärtigen Wirklichkeit. Der hl. Benedikt hat das Fasten, Nachtwachen, Enthaltsamkeit, körperliche Arbeit und die Abtötung eingeführt um die Unreinheit des Fleisches zu zerstören, um die Reinheit zu erwerben und zu erhalten, die so selten ist und so entgegen allen Gedanken und Neigungen der Natur. Ist das nicht eine Täuschung von sich selbst und Anderer anstelle das erreichen zu wollen, was dieser große Heilige vorschlägt, in dem man ein verweichlichtes Wohlleben führt, in Müßiggang, Nutzlosigkeit und indem man seine Befriedigung und sein Vergnügen sucht?

Pour acquérir et pour conserver le calme des passions, la tranquillité de l'âme, l'application à Dieu, la pureté du cœur et de l'esprit, enfin ce dégagement parfait dans lequel il n'y a point de religieux qui ne soit obligé de vivre, saint Benoît a établi la solitude, la séparation des gens du siècle, l'éloignement des commerces du monde, le silence perpétuel entre les frères, cette rareté de conférences et d'entretiens, même de ceux qui pourraient contribuer à l'édification. Et on veut qu'en communiquant avec les personnes du monde, en rendant et recevant des visites, en parlant indifféremment de tout ce qui se passe dans le siècle, dont on devrait avoir perdu toute mémoire, remplissant incessamment son cœur et son esprit de tout ce qui n'y devrait pas avoir la moindre place, et qu'ayant avec ses frères des communications aussi libres, aussi familières et aussi fréquentes, que si l'on avait nulle obligation d'observer le silence, on obtienne de Dieu ce repos sacré, cette présence de ses jugements, cette continuelle occupation des choses éternelles, et toutes ces dispositions intérieures qui sanctifient les hommes dans les cloîtres, et qui les rendent dignes de lui.

Le même saint Benoît, pour former des religieux dans la pauvreté évangélique, et dans une obéissance parfaite, les prive de toutes les choses superflues; ne leur laisse que le seul usage de celles qui leur sont absolument nécessaires, et encore; en dépendance de la permission des supérieurs; et accompagne cela d'une simplicité qui puisse les faire ressouvenir sans cesse de l'obligation qu'ils ont d'imiter la pauvreté de Jésus Christ.

Il règle d'une manière si exacte tous les moments et les circonstances de leur vie qu'il n'y en a pas une qui ne doive se passer dans la dépendance. Et l'on s'imagine pouvoir acquérir la vertu et le mérite de la pauvreté et de l'obéissance en vivant dans la recherche des commodités, des biens, de l'abondance, de l'ornement, de l'ajustement, du luxe et de la vanité du monde; dans le libertinage, dans l'exemption de toute assujettissement de toute discipline, et réduisant la religion et la

Um Freiheit von Leidenschaften, Seelenruhe, Hingabe an Gott, Reinheit des Herzens und der Seele, letztlich jene völlige Selbstaufgabe, in der jeder Mönch leben muss, zu erwerben und zu bewahren, hat der hl. Bernhard die Einsamkeit, die Trennung von den Menschen in der Welt draußen, die Distanz von der Geschäftigkeit der Welt, das immerwährende Schweigen und jene seltene Gelegenheit zur Kommunikation und Unterhaltung selbst bei denen als Bestandteile seiner Ordensregel eingeführt, die in der Lage wären, ihren Beitrag zur geistlichen Erbauung zu leisten. Und man will, wenn man mit weltlichen Personen umgeht, Besuche empfängt und abstattet, unterschiedslos über alles redet, was sich in der Welt zuträgt, an die man alle Erinnerung verloren haben sollte, sein Herz und seinen Geist mit allem anfüllt, das darin nicht den geringsten Platz haben dürfte, und in dem man auch mit seinen Brüdern freizügige, vertrauten und häufigen Austausch hat, als wenn man keine Verpflichtung zur Stille hätte, dass man von Gott diese heilige Ruhe erhält, diese Gegenwart seiner Urteile, diesen andauernden Umgang mit den ewigen Dingen und all diese innere Bereitschaft, welche die Menschen in Klöstern heiligen und sie Ihm würdig machen.

Derselbe hl. Benedikt entzieht den Mönchen, um sie in der evangelischen Armut und in vollkommenem Gehorsam zu bilden, alle überflüssigen Dinge; belässt ihnen nur die Nutzung solcher, die sie unbedingt notwendig brauchen, abhängig von der Erlaubnis der Oberen; und er begleitet das mit einer Einfachheit, die sie unaufhörlich an ihre Verpflichtung erinnert die Armut Jesu Christi nachzuahmen.

Er regelt genau alle Augenblicke und Umstände ihres Lebens, so dass sich keine ergeben, die man ohne diese Abhängigkeit verbringen darf. Und da stellt man sich vor, Tugend und den Verdienst von Armut und Gehorsam erringen zu können? - indem man in der Suche nach Annehmlichkeiten, Gütern, Überfluss, Zierrat, Anpassung, Luxus und Eitelkeit der Welt lebt; in Ausschweifung, in Zügellosigkeit, ohne jede Unterordnung unter eine Disziplin, mit einem Ordensleben, das auf den Namen,

faisant consister au nom, à l'habit, à quelques comportements et à quelques cérémonies extérieures.

En quatrième lieu, la religion à la bien prendre, est un contrat que la créature passe avec Dieu. Elle lui donne son temps, ses biens, sa liberté, sa vie, sa personne toute entière, et ne se réserve que l'espérance des biens que Jésus Christ a promis de donner à ceux qui quittent et qui renoncent à tout pour le suivre. Elle s'engage à le servir selon tous les préceptes, les instructions et les pratiques contenues dans la Règle dont elle fait profession. Et Dieu lui promet en échange de recevoir ses services, de la rendre heureuse, et d'être lui-même son bonheur, sa gloire et sa récompense. Cette obligation est réciproque, et Dieu ne s'engage à rien envers la créature, qu'à condition qu'elle sera constante et fidèle dans l'exécution et dans l'accomplissement de ses vœux. C'est ce que saint Benoît nous enseigne, lorsque dans le dénombrement qu'il nous a fait des moyens par lesquels les religieux doivent se sanctifier, il nous déclare que Dieu a attaché leur récompense à leur fidélité, et qu'ils ne doivent se la promettre qu'après s'être acquittés incessamment, et le jour et la nuit, de toutes les obligations et les pratiques établies dans la Règle[89]: *Hæc sunt instrumenta artis spiritualis quæ cum fuerint à nobis die noctuque incessabiliter adimpleta, et in die judicii reconsignata, illa merces nobis à Domino recompensabitur quam ipse promisit.* Il dit ailleurs[90] qu'un religieux doit savoir qu'il se moque de Dieu qui le condamnera, s'il manque de s'acquitter de ce qu'il lui a promis: *Ut si aliquando aliter fecerit, ab eo se damnandum sciat quem irridet.*

On voit par là que les religieux qui sont dispensés de toutes ces diverses observances que nous avons marquées, du jeûne : des veilles, de l'abstinence, du travail, des mortifications des sens et de l'esprit, de la

[89] RB c. 4
[90] Id. c. 58

das Gewand, einige Bräuche und äußerliche Zeremonien reduziert ist.

Viertens: der Ordensstand, wenn er recht vollzogen wird, ist ein Vertrag, den das Geschöpf mit Gott abschließt. Es vertraut Ihm seine Zeit, seinen Besitz, seine Freiheit, sein Leben und seine ganze Persönlichkeit an und erhofft für sich einzig und allein die Güter, die Jesus Christus denen versprochen hat, die alles verlassen und auf alles verzichten, um Ihm nachzufolgen. Es verpflichtet sich, Ihm zu dienen gemäß allen Vorschriften, Anordnungen und Observanzen, die in der Ordensregel enthalten sind, in der es die Profess ablegt. Und Gott verspricht im Gegenzug sein Dienste gnädig anzunehmen, es glücklich zu machen und selbst für es Glück, Ruhm und Lohn zu sein. Diese Verpflichtung beruht also auf Gegenseitigkeit, unter der Bedingung, dass das Geschöpf standhaft und treu in der Erfüllung seiner Gelübde ist, wenn auch Gott den Geschöpfen gegenüber zu nichts verpflichtet ist. Dies lehrt uns der hl. Benedikt an der Stelle wo er bei der Aufzählung der Mittel, durch die sich die Ordensleute heiligen sollen, erklärt, Gott knüpfe ihren Lohn an ihre Treue, sie aber nur auf ihn zählen dürften, wenn sie Tag und Nacht unaufhörlich alle Pflichten und Observanzen erfüllt hätten, die in der Regel festgelegt sind. *Dies sind die Werkzeuge der geistlichen Kunst. Wenn sie von uns Tag und Nacht unaufhörlich eingesetzt werden und wir sie am Tage des Gerichts von neuem vorweisen, dann wird uns jener Lohn vom Herrn ausbezahlt werden, den er selbst verheißen hat.* An anderer Stelle sagt er, ein Ordensmann solle wissen, dass er sich über Gott, der ihn dafür bestrafen wird, lustig macht, wenn er es unterlässt seine Versprechungen zu erfüllen: *Er solle wissen, dass er, wenn er einmal anders handeln würde, dann von dem verdammt werden kann, den er verspottet.*

Daraus ersieht man, dass die Ordensleute, die sich all dieser unterschiedlichen Observanzen entledigt haben, d.h. des Fastens, des Wachens, der Enthaltsamkeit, der Arbeit, der Kasteiungen der Sinne und des Geistes, der Besitzlosigkeit, des einfachen Lebensstils, der Distanz zu geschäftigen,

pauvreté, de la simplicité, de l'éloignement des affaires, du commerce et des manières du monde, et qui vivent dans les usages opposés à toutes ces saintes pratiques, ne sont point dans le droit d'espérer de Dieu ce qu'il n'a promis qu'à ceux qui les observeraient, et que faute de satisfaire à leurs engagements, et d'en exécuter les conditions et les clauses, ils n'ont ni qualité, ni titres pour en rien prétendre.

Vous avez renoncé une fois pour toutes, dit saint Ephrem[91], à Satan, et à ses anges; vous avez fait un accord avec Jésus Christ en présence de plusieurs témoins. Considérez avec qui vous avez traité, et faites-en le cas que vous devez. Sachez que dans ce moment même les anges ont écrit vos vœux, vos promesses, et la protestation que vous avez de renoncer aux choses du monde, et qu'ils la conservent dans le ciel jusqu'au jour de ce jugement redoutable.

N'êtes vous pas frappé de crainte ? N'êtes-vous pas saisis d'horreur ? Les anges produiront alors devant ce tribunal si terrible, la cédule de votre engagement, et les paroles que votre bouche aura prononcées devant ce tribunal, dis-je, devant lequel les anges ne paraîtront qu'avec tremblement. *Semel abrenuntiasti Satane et Angelis ejus; pactus autem es Christo coram multis testibus. At vide, cuinam pactus fis et ne parvipendas. Id porro noveris quod Angeli in hora illa, voces tuas, et pacta tua, abrenuntiationemque tuam descripserint, et in cœlis usque ad horribilem illum judicii diem conservant. Non pertimescis? Non exhorrescis ? In die judicii proferent Angeli chorigraphum tuum, et verba oris tui coram formidabili Tribunali, ubi etiam Angeli cum tremore assistent.*

Cela suffit pour prouver que ces sortes de mitigations dont nous parlons, ne sont qu'une violation de la loi de Dieu, un mépris de ses ordres, une résistance fixe et toute publique à ses volontés; enfin un ministère d'iniquité, et par conséquent un état de mort.

[91] Serm. 1 De Compunctorius

geschäftlichen und sonstigen weltlichen Lebensweisen, und die entgegen den heiligmässigen Übungen ihr Leben führen, dass diese Mönche also keinerlei Anspruch erhoffen dürfen auf das, was Gott nur denen in Aussicht gestellt hat, die sich um die Befolgung der Ordensregel bemühen.

Ihr habt ein für allemal verzichtet, sagt der hl. Ephrem, auf Satan und seine Engel; ihr habt ein Abkommen mit Jesus Christus in Anwesenheit mehrerer Zeugen geschlossen. Erwägt, mit wem ihr verhandelt habt und macht daraus den Fall, wie es sich gehört. Wisset, dass in diesem Augenblick sogar die Engel eure Gelübde aufgeschrieben haben, eure Versprechen und den Abschwur, den ihr auf die weltlichen Dinge geleistet habt, und dass sie dieses Schriftstück im Himmel bis zum Tag dieses furchtbaren Gerichtes aufbewahren.

Seid ihr nicht von Furcht erschlagen? Werdet ihr nicht von Schrecken erfasst? Die Engel werden dann vor diesem schrecklichen Gericht den Schuldschein eurer Pflichten und die Worte, die euer Mund vor diesem Gericht ausgesprochen hat, vorbringen, vor dem, so sage ich, die Engel nur mit Zittern erscheinen. *Einmal habt ihr dem Satan und seinen Engeln entsagt. Ihr habt aber in Gegenwart von vielen Zeugen mit Christus einen Vertrag geschlossen. Siehe doch, mit wem du den Vertrag geschlossen hast, und missachte ihn nicht. Dies solltest du fernerhin wissen: Die Engel werden in dieser Stunde deine Worte, deine Verträge und deine Entsagung schriftlich festhalten und im Himmel bis zu diesem furchtbaren Tag des Gerichts aufbewahren. Gerätst du nicht in große Furcht? Kommst du nicht ins Zittern? Am Tage des Gerichts werden die Engel deinen Schuldbrief und die Worte aus deinem Mund vor diesem gewaltigen Höchsten Gericht vorbringen, wo auch die Engel mit Zittern Beisitzende sein werden.*

Das reicht aus, um zu beweisen, dass die Milderungen über die wir sprechen, nur eine Verletzung von Gottes Gesetzen, eine Verachtung seiner Gebote ist, ein fester und ganz öffentlicher Widerstand gegen seinen Willen sind; schließlich ein Dienst des Unrechtes und folglich ein Todeszustand.

Question III

Peut-on apporter quelques raisons pour combattre les vérités dont vous venez de nous parler, qui nous paraissent si solides et si convaincantes ?

Réponse

Oui, on se sert d'ordinaire de trois raisons pour tâcher de les éluder. Car on dit premièrement, que le devoir et la principale obligation d'un religieux est celle d'obéir, et que les mitigations ayant été établies et de l'autorité et par la dispensation des supérieurs, elles sont légitimes; et qu'ainsi les inférieurs peuvent les embrasser en sûreté de conscience.

On dit en second lieu que les coutumes anciennes et autorisées par un grand nombre de personnes, et une longue suite de temps, prescrivent contre la loi.

Enfin on soutient qu'on n'est obligé qu'à ce qu'on a promis, et que comme on n'a eu devant les yeux que les pratiques présentes, on satisfait à son obligation quand on les garde.

Mais toutes ces raisons n'ont aucune solidité. Et pour commencer par la première, il est vrai et il faut demeurer d'accord que l'obligation principale d'un religieux est celle d'obéir et de se soumettre. Mais il ne le doit faire qu'en la manière qu'il l'a promis; et comme un religieux ne s'est pas obligé à une obéissance simple et sans limites, mais à une obéissance qui est selon la Règle, il ne doit pas aussi la rendre lorsqu'elle lui est contraire et qu'elle la détruit. Et le supérieur n'a aucun droit de l'exiger.

Frage III

Kann man einige Gründe bringen, um den Wahrheiten zu widersprechen, von denen Sie uns soeben berichtet haben und die uns so unumstößlich und überzeugend scheinen?

Antwort

Ja, es gibt drei Gründe, mit denen man gewöhnlich versucht, sie zu umgehen. Denn erstens sagt man, dass Gehorchen die Pflicht und Hauptobliegenheit eines Mönchs sei, und dass solche Milderungen legitim sind, die durch die Autorität und durch Dispense der Oberen eingeführt wurden, und dass also die Niederen sie mit sicherem Gewissen übernehmen können.

An zweiter Stelle sagt man, dass die alten Bräuche, die durch eine große Anzahl Personen und einen langen Zeitenlauf autorisiert wurden, dem Gesetz vorgehen.

Schließlich behauptet man, dass man nur das tun müsse, was man versprochen hat, und da man nur die gegenwärtigen Übungen vor Augen hatte, genüge man seinen Pflichten, wenn man diese bewahrt.

Aber alle diese Gründe halten überhaupt nicht stand. Und um mit dem ersten zu beginnen: es stimmt und darüber muss Einverständnis herrschen, dass die Hauptpflicht eines Mönchs darin besteht zu gehorchen und sich zu unterwerfen, aber er darf dies nur in der Weise tun, die er versprochen hat. Da ein Ordensbruder sich nicht zu einem stupiden und schrankenlosen Gehorsam verpflichtet hat, sondern zu einem nach der Ordensregel, muss er ihn nicht leisten, wenn er dieser entgegensteht und sie zerstört; natürlich hat auch der Abt nicht das Recht, einen solchen einzufordern.

Saint Bernard nous a déclaré[92] qu'il ne faut pas que le supérieur lâche la bride à son imagination dans les commandements qu'ils fait à ceux qui lui sont soumis, mais qu'il doit savoir que la Règle lui a prescrit des bornes et des mesures. Et qu'il ne suffit pas qu'il ordonne ce qui semble avoir de la rectitude, mais qu'il est nécessaire que ce soit la rectitude même établie par la Règle, ou au moins, qu'elle soit dans son esprit et conforme à ce qui a été institué par saint Benoît. Le religieux ne promet qu'une obéissance selon la Règle de saint Benoît, et ainsi il ne s'est pas soumis à toutes les volontés de son supérieur, mais seulement à celles qui se trouveraient selon la Règle. En sorte qu'il n'est point obligé de lui obéir au cas qu'il lui commande quelque chose qui manifestement ne lui soit pas conforme. *Opportet eum qui præest, non fræna suæ laxare voluntati super subditos, sed præfixam ex regula sibi scire mensuram et sic demum sua imperia moderari, circa id solum quod esse rectum constiterit; nec quodlibet rectum, sed hoc tantum quod prædictus Pater instituit, aut certè quod sit secundum quod instituit.* Et il est clair que saint Benoît n'a jamais eu l'intention que le supérieur puisse disposer de la Règle comme il lui plairait, puisqu'il ne lui a donné d'autorité et de puissance qu'afin de la faire observer.

Secondement, saint Basile qui a porté l'obéissance des religieux plus loin que personne, puisqu'il leur ordonne[93] d'imiter celle de Jésus Christ et d'obéir jusqu'à la mort, veut qu'ils se servent de leur discernement et que dans de certaines rencontres, ils examinent les ordres qu'un supérieur leur donne, sur la parole de Jésus Christ ou sur les instructions et les exemples des saints, et prononce qu'ils ne sont point obligés d'obéir, lorsque leurs commandements se trouvent contraires à l'une ou à l'autre de ces Règles.

---

[92] De præcept. et disp. c.4, n° 10. OSB Vol. III, p. 260.

[93] G.R. quæst. 119 p. 236 + id. quæst. 303 p. 339.

Der hl. Bernhard hat uns erklärt, dass es nicht notwendig sei, dass der Obere seinem Einfallsreichtum an Vorschriften, die er seinen Anvertrauten macht, die Zügel schießen lässt, sondern dass er wissen muss, dass die Regel ihm Grenzen und Maß vorschreibt. Und dass es nicht genügt, dass er befiehlt, was richtig scheint, sondern es muss die Aufrichtigkeit sein, die die Regel selbst aufgestellt hat oder wenigstens, dass sie in deren Geist ist und konform zu dem, was vom hl. Benedikt eingeführt wurde. Der Mönch verspricht nur einen Gehorsam nach der Regel des hl. Benedikt und so hat er sich nicht jeder Willensäußerung seines Oberen zu unterwerfen, sondern nur jener, die sich im Rahmen der Regel bewegt. Das geht soweit, dass er keinesfalls einer Anordnung gehorchen muss, die dieser erwiesenermassen nicht entspricht. *Der Obere kann gegenüber seinen Untergebenen nicht seiner Willkür die Zügel schießen lassen, sondern er soll wissen, dass ihm von der Regel her das Maß vorgegeben ist, und er somit schließlich seine Befehle auf das beschränken soll, was erwiesenermaßen recht ist, aber nicht auf irgend etwas, was recht ist, sondern nur auf das, was der oben genannte Vater angeordnet hat, oder doch zumindest auf das, was sinngemäß seiner Anordnung entspricht.* Und es ist klar, dass der hl. Benedikt nie die Absicht hatte, der Obere könne über die Regel verfügen, wie es ihm gefiele, da er ihm keine andere Autorität und Macht gegeben hat, ausser der, ihre Beobachtung durchzusetzen.

Zweitens will der hl. Basilius, der den Gehorsam der Mönche weiter geführt hat, als alle anderen, da er ihnen befiehlt, den Gehorsam Jesu Christi nachzuahmen bis zum Tode, dass sie sich ihres Unterscheidungsvermögens bedienen und dass sie in besonderen Zusammenkünften die Gebote, die ein Oberer ihnen gibt, dahin untersuchen ob sie dem Wort Jesu Christi oder den Lehren und Beispielen der Heiligen entsprechen und er betont, dass sie in keiner Weise gehorchen müssen, wenn dessen Befehle sich im Gegensatz zu einer oder anderer dieser Regeln befinden.

Troisièmement, saint Paul veut que l'obéissance des inférieurs soit raisonnable: *rationabile obsequium*[94]. Cependant il n'y a rien qui le soit moins que d'obéir aux hommes lorsque nous ne le pouvons sans violer la loi de Dieu, et sans renverser les ordonnances de ses saints, contre nos engagements et les protestations solennelles que nous lui avons faites de les observer inviolablement.

Il faut respecter les supérieurs, et leur obéir comme à Jésus Christ même, dont ils sont les ministres et les vicaires, quand même nous verrions du dérèglement dans leurs mœurs et dans leur conduite; mais s'il arrive qu'au lieu de vous soutenir dans l'observation exacte des choses que vous leur avez promises; et de vous élever, comme ils y sont obligés, à la perfection d'une vie sainte, ils vous portent à l'infraction de vos Règles, à la violation de vos vœux, s'ils vous abaissent et vous terrent dans l'abîme d'une conversation[95] molle, licencieuse, relâchée, indigne de la pureté de votre état, regardez-les comme ces pasteurs mercenaires dont parle Jérémie, qui ont démoli la vigne du Seigneur, qui ont foulé aux pieds son héritage, et fait un désert sec et stérile d'une terre délicieuse qu'il s'était réservée[96]: *Pastores multi demoliti sunt vineam meam,conculcaverunt partem meam, dederunt portionem meam desiderabilem in desertum solitudinis.* Et ne doutez pas que vous ne soyez dans le cas auquel vous devez dire avec le saint apôtre[97]: *Obedire oportet Deo, magis quam hominibus.*

Pour la seconde raison qu'on prend du côté de la coutume, elle est nulle et il n'y a pas plus d'assurance de s'y arrêter qu'à la première. Une loi sainte ne peut être détruite par une coutume qui ne l'est pas. Elle subsiste nonobstant les abus qui la combattent. Et si la force qu'elle conserve n'opère pas la sanctification des

[94] Rm 12, 1
[95] En français médiéval = genre de vie; comportement
[96] Jr 12,10 / Jer. 12, 10
[97] Ac 5,29 / Apg 5,29

Drittens will der hl. Paulus, dass der Gehorsam der Untergebenen der Vernunft entspricht: *eine vernünftige Dienstbereitschaft.* Jedoch dürfen wir den Menschen nur gehorchen, wenn wir es tun können, ohne Gottes Gesetz zu verletzen oder die Weisungen Seiner Heiligen außer Kraft zu setzen, indem wir gegen unsere Versprechungen und Beteuerungen hinsichtlich ihrer lückenlosen Einhaltung handeln.

Man muss den Ordensoberen Respekt entgegenbringen und ihnen gehorchen wie Jesus Christus selbst, deren Diener und Stellvertreter sie sind, selbst wenn wir vielleicht in ihrer sittlichen Lebensführung Mängel entdecken. Wenn es aber vorkommt, dass sie, anstatt euch bei der exakten Einhaltung der Dinge, die ihr versprochen habt, zu unterstützen und euch, wie es ihre Pflicht ist, zur Vollkommenheit eines Lebens in Heiligkeit zu erheben, sie euch dazu verleiten, die Regeln zu brechen und eure Gelübde zu verletzen, und wenn sie euch erniedrigen und euch in weichlichem Umgang, in Beliebigkeit, Laschheit, unwürdig der Reinheit eures Standes, herunterziehen, dann betrachtet sie wie jene Mietlinge, von denen Jeremias spricht, die Sein Erbe mit Füßen getreten und Sein prächtiges Feld zur öden Wüste gemacht haben. Zweifelt nicht daran, dass ihr euch dann in einer Lage befindet, in der ihr mit dem hl. Apostel sprechen könnt: man muss Gott mehr gehorchen als den Menschen. *Viele Hirten haben meinen Weinberg zerstört, mein Erbteil zertreten, meinen wünschenswerten Anteil zur öden Wüste gemacht.* Und zweifelt nicht, dass ihr in der Lage seid, wo ihr mit dem heiligen Apostel sagen müsst: *Man muss Gott mehr gehorchen als den Menschen.*

Der zweite Grund, den man von dem Brauch ableitet, ist nichts wert, und es lohnt ebenso wenig, sich damit aufzuhalten wie bei dem ersten. Ein heiliges Gesetz kann nicht durch einen Brauch zerstört werden, der keines ist. Es bleibt fortbestehen, ungeachtet der Missbräuche, die es bekämpfen. Und wenn die Kraft, die es enthält, nicht die Heiligung der Menschen

hommes, il ne faut point douter qu'elle ne fasse leur condamnation.

Si elle est peu considérable, et qu'il n'arrive rien de fâcheux de ce qu'elle n'est pas gardée, on peut suivre la coutume qui aura pris sa place. Si elle est importante, et qu'elle se trouve détruite par une coutume louable, et qui cause un bien égal à celui qu'elle pouvait produire, on peut encore avec sûreté déférer à la coutume. Mais si de l'extinction de la loi, il naît des maux, des dérèglements publics, et des inconvénients importants, il est certain que la coutume dans ce cas ne doit être regardée que comme un abus et une corruption, et qu'encore qu'elle soit favorisée par le temps, par le nombre et par la qualité des personnes qui la suivent et qui la soutiennent, elle ne peut rien contre l'autorité de la loi. Autrement il s'ensuivrait que les maux mêmes deviendraient permis lorsqu'ils se rencontreront dans l'usage commun; parce que la plupart ne sont des maux que parce que la loi les défend, et que la loi se trouverait détruite par toutes sortes d'usages, ce qui serait la plus grande et la plus énorme de toutes les confusions.

Les saints et tous ceux qui se sont conduits par leur esprit, ont eu des maximes bien contraires à ces faux principes. Ils n'ont eu que la vérité pour leur Règle, et l'ont suivie dans toute leur conduite avec un attachement inviolable.

C'est ce que pensait saint Cyprien, quand il dit[98] que les coutumes qui se sont établies ne doivent point empêcher que la vérité ne soit toujours la maîtresse et ne prévale. Et que la coutume sans la vérité n'est qu'une erreur invétérée. C'est pourquoi, dit ce saint, laissons l'erreur et suivons la vérité, sachant que c'est elle qui l'emporte, qu'elle est toujours victorieuse, et qu'elle conservera sa force et sa vigueur jusque dans l'éternité. *Consuetudo quæ apud quosdam irrepsit, impedire non debet quominus veritas prævaleat et vincat: nam consuetudo sine veritate, vetustas erroris est; propter quod relicto errore sequamur veritatem;*

[98] Ep. 74

bewirkt, darf man nicht zweifeln, dass es ihre Verdammnis verursacht.

Wenn es von geringer Bedeutung ist und seine Missachtung kein Ärgernis erregt, kann man dem Brauch folgen, der an seine Stelle getreten ist. Wenn es wichtig ist und durch einen lobenswerten Brauch zerstört wurde, der ein gleichwertiges Gut erzeugt, das jenem entspricht, das es hätte hervorbringen können, kann man noch mit Sicherheit auf den Brauch übergehen. Aber wenn aus dem Löschen des Gesetzes ein Übel entsteht, öffentliche Regellosigkeit und wichtige Nachteile, dann darf man den Brauch in diesem Fall nur als Missbrauch ansehen und als eine Korruption, und wenn er auch durch die Zeit und durch die Anzahl und den Wert der ihn befolgenden und unterstützenden Personen begünstigt wird, bedeutet das nichts gegen die Autorität der Regel. Andernfalls würde sich ja ergeben, dass selbst Übeltaten erlaubt würden, wenn sie sich im allgemeinen Gebrauch befinden; denn die meisten sind nur Übel, weil das Gesetz sie verbietet, und weil das Gesetz durch alle möglichen Gebräuche zerstört wäre, wäre das die größte und gewaltigste aller Verwirrungen.

Die Heiligen und all jene, die sich durch ihren Geist führen ließen, haben Grundsätze gehabt, die recht sehr im Widerspruch zu diesen falschen Prinzipien stehen. Sie hatten nichts als die Wahrheit für ihre Regel, und befolgten sie in all ihrer Führung mit einer unverletzlichen Treue.

Das dachte der hl. Cyprian, wenn er sagt, dass die Bräuche, die sich etabliert haben, niemals verhindern dürfen, dass die Wahrheit immer die vorherrschende Meisterin ist. Und dass ein Brauch ohne die Wahrheit nur ein tief verwurzelter Irrtum ist. Deshalb, so sagt dieser Heilige, lassen wir den Irrtum und folgen der Wahrheit, im Bewusstsein, dass sie es ist die weiterbringt, dass sie immer siegreich ist, und dass sie ihre Kraft und Stärke bis in Ewigkeit behalten wird. *Die Gewohnheit, die sich bei manchen eingeschlichen hat, darf nicht verhindern, dass die Wahrheit die Oberhand behält und die siegende Kraft bleibt. Denn eine Gewohnheit ohne Wahrheit ist ein alter Irrtum. Lasst uns darum den Irrtum verlassen und der Wahrheit folgen, da wir wissen:*

scientes quod veritas, vincit, veritas manet et invalescit in æternum[99].Et dans un autre endroit: Si c'est Jésus Christ seul que nous devons écouter, il ne faut point prendre garde à ce que ceux qui ont été avant nous ont estimé qu'on devait faire; mais il le faut consulter tout seul, lui qui précède tous les hommes, car c'est la vérité de Dieu, et non point la coutume que l'on doit suivre. *Si solus Christus audiendus est , non debemus attendere quid alius ante nos faciendum putaverit, sed quid, qui ante omnes est prior Christus fecerit, neque enim hominis consuetudinem sequi oportet; sed Dei veritatem.* Quoique ce grand saint se soit servi de cette maxime dans une occasion et dans une cause qui n'était pas selon la vérité, elle n'en est pas moins sainte ni moins constante.

Un des plus grands hommes de ce même siècle avait enseigné[100] avant lui, que rien ne pouvait prescrire contre la vérité: ni la suite des siècles, ni l'autorité des personnes, ni le privilège des nations. Et qu'il n'y a presque point de coutume qui n'ait tiré son origine ou de l'ignorance ou de la simplicité, et qui s'étant fortifiée par la succession des temps, ne trouve des gens qui la soutiennent contre la vérité: *Veritati nemo præscribere potest, non spatium temporum, non patrocinia personarum, non privilegium regionum; ex his enim fere consuetudo initium ab aliqua ignorantia vel simplicitate sortita, in usum per successionem corroboratur, et ita adversus veritatem vindicatur.*

Saint Basile n'était pas d'un autre sentiment, quand il a dit[101] que nous nous laissons tromper par les méchantes coutumes, et que les traditions erronées et corrompues causent de grands maux, et qu'elles viennent en partie de nos égarements et de nos péchés, et du défaut de discernement et de lumière.

---

[99] Ep. 63
[100] Tertullien; De Virginibus. Velandis.
[101] Pref. In Lib. de Moral.

Die Wahrheit trägt den Sieg davon, die Wahrheit bleibt und erstarkt in Ewigkeit. Und an anderer Stelle: Wenn es allein Jesus Christus ist, den wir hören müssen, ist es überhaupt nicht notwendig zu beachten, was jene, die vor uns waren, glaubten tun zu müssen; sondern man muss nur einzig und allein Den befragen, Der allen Menschen vorausgeht, denn es ist die Wahrheit Gottes und nicht irgendein Brauch, dem man folgen muss. *Wenn nur auf Christus gehört werden soll, müssen wir nicht beachten, was jemand anders vor uns in Bezug auf das, was wir tun sollten, gemeint hat, sondern was Christus allen voran als Erster getan hat. Denn wir müssen nicht die Gewohnheit des Menschen befolgen, sondern die Wahrheit Gottes.* Obwohl dieser große Heilige sich dieser Grundregel bei einer Gelegenheit und in einem Fall bedient hat, die nicht gemäß der Wahrheit war, ist sie deshalb nicht weniger heilig noch weniger bleibend.

Einer der größten Männer dieses selben Jahrhunderts hatte vor ihm gelehrt, dass nichts gegen die Wahrheit Vorrang haben könne: nicht die Folge der Jahrhunderte, nicht die Autorität der Personen, nicht das Vorrecht der Staaten. Und dass es fast keinen Brauch gibt, der seinen Ursprung nicht der Unwissenheit oder der Einfalt verdankte, und der, durch die Abfolge der Zeit verstärkt, genug Leute findet, die ihn gegen die Wahrheit unterstützen: *Niemand (und nichts) kann der Wahrheit eine Vorschrift auferlegen: weder die Länge der Zeit, noch das Ansehen der Personen, noch das Privileg von Gebieten. Denn eine Gewohnheit, die daraus entsteht, und die ihren Ursprung durch irgendeine Unwissenheit oder Einfalt erhalten hat, verstärkt sich meistens durch nachfolgende Personen, die sie anwenden, und erhebt so gegen die Wahrheit Rechtsanspruch.*

Der hl. Basilius hatte kein anderes Empfinden, wenn er sagte, dass wir uns durch die bösen Bräuche täuschen lassen, und dass die falschen und verdorbenen Traditionen große Übel verursachen und dass sie zum Teil durch unsere Verfehlungen und unsere Sünden entstehen und durch einen Mangel an Unterscheidungsvermögen und Erleuchtung.

C'est cela même que nous apprenons de Jésus Christ lorsqu'il reproche aux Juifs dans son Évangile, qu'ils ne font point de difficulté d'abandonner les commandements de Dieu pour suivre leurs traditions et leurs coutumes[102]: *Relinquentes mandatum Dei, tenetis traditiones hominum, bene irritum facitis præceptum Dei, ut traditionem vestram servetis.*

Mais ce qui est le plus étrange, c'est qu'il se trouve des chrétiens qui attaquent une vérité si claire dans une affaire aussi importante qu'est celle du salut, et que les païens même n'ayant rien devant les yeux qu'un bien, qu'un avantage, et qu'une utilité purement humaine, se plaignent et reconnaissent que la cause de tous nos maux est que les hommes se laissent conduire par les exemples, et non par la raison, qu'ils se laissent entraîner par les coutumes. Véritablement, ils ne voudraient pas imiter ce qu'ils voient faire à peu de gens, mais que pour la multitude ils ne font point de scrupule de la suivre; comme si le plus grand nombre pouvait donner à une chose la rectitude qu'elle n'a point et qu'ainsi l'erreur passe parmi eux pour une vérité lorsqu'elle est devenue publique. *Inter causas nostrorum malorum est, quod vivimus ad exempla, nec ratione componimur, sed consuetudine abducimur; quod si pauci facerent, nollemus imitari,cum plures facere cœperunt, quasi honestius sit, quia frequentius sequimur:et recti apud nos locum tenet error, ubi publicus factus est.*

La troisième raison dont on se sert pour soutenir les mitigations, ne doit pas être plus écoutée que les deux autres car y a-t-il de l'apparence de se faire une obligation sainte d'un genre de vie qui n'est rien, comme nous l'avons dit tant de fois, qu'une violation de la loi de Dieu, qu'une transgression de ses ordres, et qu'un mépris tout formel et tout public des ordonnances de ses saints ?

---

[102] Mc 7, 8-9

Es ist selbst das, was wir von Jesus Christus lernen, wenn Er den Juden in seinem Evangelium vorwirft, dass sie die Gebote Gottes leichtfertig aufgeben, um ihren Traditionen und ihren Bräuchen zu folgen: *Ihr verlasst Gottes Gebot und haltet fest an den Überlieferungen von Menschen; geschickt setzt ihr Gottes Gebot außer Kraft, damit ihr eure Überlieferung aufrecht erhalten könnt.*

Aber am seltsamsten ist, dass es Christen gibt, die gegen eine so klare Wahrheit in einer dermaßen wichtigen Angelegenheit wie jene des Heils angehen, und dass sogar die Heiden, die nur ein Gut, einen Vorteil, einen rein menschlichen Nutzen im Blick haben, sich beklagen und feststellen, die Ursache all unserer Übel sei, dass die Menschen sich durch Beispiele und nicht durch die Vernunft führen lassen, dass sie sich durch Bräuche mitreißen lassen. Tatsächlich möchten sie das Tun nicht nachahmen, was sie bei Wenigen sehen, sondern folgen bedenkenlos der großen Menge; so als ob die größte Zahl einer Sache die Richtigkeit geben könnte, die sie ganz und gar nicht hat, und so geht auf diese Weise unter ihnen der Irrtum als Wahrheit durch, wenn er öffentlich geworden ist. *Zu den Ursachen unserer Übel gehört u.a., dass wir nach den Beispielen (anderer) leben und uns nicht von der Vernunft leiten, sondern von der Gewohnheit auf Abwege bringen lassen. Was wir nicht nachahmen wollten, wenn es nur wenige täten, dem folgen wir, wenn viele begonnen haben, es zu tun, als sei es ehrenhafter, weil es häufiger geschieht. Und an die Stelle des Richtigen tritt bei uns der Irrtum, so bald er allgemein geworden ist.*

Dem dritten Grund, den man anführt, um die Milderungen gut zu heißen, darf man nicht mehr Gehör schenken als den zwei anderen, denn: kann es auch nur den Anschein einer heiligen Pflicht haben, eine Art von Leben zu führen, das, wie wir es oft gesagt haben, nichts anderes ist als eine Verletzung von Gottes Gesetz, eine Übertretung seiner Gebote und eine ganz förmliche und öffentliche Missachtung der Anordnungen seiner Heiligen?

Et peut-on considérer comme un engagement de religion une prévarication si manifeste, et s'imaginer que Dieu reçoive une offrande si impure comme un sacrifice de bonne odeur ? ou plutôt, ceux qui se trouvent dans un état si opposé à tous ses desseins et si éloigné de ce qu'il demande des personnes qui sont consacrées à son service, n'ont-ils pas sujet de craindre, que c'est à eux que sa parole s'adresse, quand il dit par la bouche de son prophète[103]: Vos sacrifices sont des meurtres, ce sont des actes d'irréligion dans la disposition criminelle avec laquelle vous me les offrez, plutôt que des marques du culte sincère que vous prétendez me rendre ? *Qui immolat bovem, quasi qui interficiat virum:qui pecus mactat, quasi qui excerebret canem:qui offert oblationem, quasi qui sanguinem suillum offerat:qui recordatur thuris, quasi qui benedicat idolo. Hæc omnia elegerunt in viis suis, et in abominationibus suis anima eorum delectata est.*

C'est ce qui fait dire à un docteur très célèbre du siècle précédent[104], que les religieux qui font des vœux en des observances relâchées, qui ne se proposent que de vivre conformément à ce qu'ils voient devant leurs yeux, et de garder leur Règle en la manière que les autres l'observent, c'est-à-dire de la violer comme eux, se moquent de Dieu dans les vœux mêmes qu'ils lui font. Et cependant qu'ils ne sont pas obligés à moins par leur engagement tel qu'il est que s'ils l'avaient contracté dans une Congrégation sainte et exacte. *Si quod vovet, implere non statuat dum vovet, ut faciunt illi qui vovent vitam instituere secundum regulam sancti Benedicti vel Augustini: sed quoniam eam à cæteris qui eamdem ipsam voverunt negligi vident, cogitant atque proponunt eam servare, sicut eam servari vident, hoc est, proponunt eam violare. Hi vovendo Deum irrident; non minus tamen voto suo obligati sunt, quam si inter recte eam observantes illud emisissent.*

---

[103] Is 66, 3

[104] Hessel. Catech. in Explic. Decalog. v. 81
(Hesselius (1522- 1566): *Catechismus latinus*, Ed. Gravius, 1570).

Und kann man eine so offenkundige Pflichtverletzung als religiöse Pflicht betrachten, und sich einbilden, Gott nähme eine so unreine Opfergabe als wohlriechendes Opfer an? oder mehr noch: jene die sich in einem Stand befinden, der so entgegengesetzt all Seinen Absichten und so entfernt ist von dem, was Er von den Personen verlangt, die sich Seinem Dienst widmen, haben sie nicht Anlass zu befürchten, dass sie es sind, an die sein Wort sich richtet, wenn Er durch den Mund Seines Propheten sagt: eure Opfer sind Morde, es sind eher gottlose Taten in verbrecherischer Absicht, die ihr Mir anbietet als Zeichen aufrichtiger Verehrung, die ihr Mir zu widmen vorgebt? *Wer ein Rind zum Opfern schlachtet, ist wie einer, der einen Mann erschlägt; wer Kleinvieh opfert, wie einer, der einem Hund das Hirn einschlägt; wer eine Speiseopfer darbringt, wie einer, der Schweineblut opfert. Dies alles erwählen sie auf ihren Wegen, und ihre Seele findet Gefallen an ihren Gräueln.*

Das ließ einen sehr berühmten Gelehrten des vorigen Jahrhunderts sagen, dass die Ordensleute, die ihr Gelübde in gemilderten Observanzen ablegten und sich nichts weiter vornahmen, als nach den mit Augen zu sehenden Beispielen zu leben und ihre Regel in der Art zu halten, wie die anderen sie beachten, also sie ebenso zu verletzen, Gott selbst in ihren Ihm gegebenen Gelübden verspotten. Und dennoch seien sie durch ihre Bindung, so wie sie ist, zu nicht weniger verpflichtet, als sie es wären, wenn sie sich einer heiligen und strengen Gemeinschaft angeschlossen hätten. *Wenn jemand beschließt, nicht zu halten, was er gelobt, dann gelobt er wie diejenigen, die geloben, ihr Leben nach der Regel des heiligen Benedikt oder des heiligen Augustinus einzurichten, aber weil sie sehen, dass diese von den anderen, die ihre Profess auf dieselbe Regel abgelegt haben, missachtet wird, denken sie und nehmen sie sich vor, sie zu beachten, wie sie deren Beachtung sehen, das heißt: Sie nehmen sich vor, sie zu übertreten. Diese verspotten Gott mit der Ablegung ihres Gelübdes. Sie sind dennoch nicht weniger durch ihr Gelübde verpflichtet, als wenn sie es in der Gemeinschaft derer abgelegt hätten, die die Regel in der rechten Weise beobachten.*

Et véritablement il faut avoir fermé les yeux à toutes lumières pour ne pas voir qu'on ne peut servir Dieu, ni lui plaire, dans une profession qui n'est que la corruption d'un état saint. Et pour ne pas s'apercevoir que lorsqu'on est assez malheureux pour se rencontrer dans un état si déplorable, il n'y a qu'une chose à faire, qui est de travailler de tous ses efforts à rectifier ses voies, à se remettre dans l'ordre de Dieu, à rentrer dans la vérité de sa Règle et à en reprendre l'esprit, les maximes et les pratiques, à moins que de vouloir être semblable à cet insensé dont parle l'Ecriture, lequel vivait content dans son indigence, dans sa pauvreté, et dans son extrême misère, pendant que Dieu prononçait contre lui ces paroles terribles: Parce que tu te vantes que tu es riche, que tu es dans l'abondance, et que tu n'as besoin de rien, tu ignores que tu es malheureux, misérable, pauvre, aveugle et nu[105]. *Quia dicis quod dives sum, et locupletatus, et nullius eges: et nescis quia tu es miser, et miserabilis, et pauper, et cæcus, et nudus.*

Ceux donc qui sont dans ce malheur ont beau faire, ils peuvent se tromper et mettre leur conscience dans un faux repos, mais ils ne lui donneront jamais une véritable sûreté. Il faut pour cela qu'ils renoncent aux mitigations qu'ils ont embrassées et qu'ils commencent par se persuader qu'elles sont illicites; qu'elles déshonorent la Majesté de Dieu, l'excellence et la dignité de leur profession.

Il ne sert de rien de dire que les Règles ont de la latitude; qu'il n'est pas nécessaire de les garder en tous les points et qu'on ne peut exiger des personnes au-delà de ce qu'elles ont promis. Il est vrai que saint Bernard tombe d'accord, et tout le monde avec lui, que les règles n'obligent pas à une observation si littérale, que l'on ne puisse sans les violer et sans engager sa conscience en omettre un article.

[105] Ap 3, 17

Und tatsächlich muss man die Augen gegen jede Erleuchtung geschlossen haben, wenn man nicht sieht, dass man Gott in einer Berufung, die nur eine verderbte Form eines heiligen Standes ist, weder dienen noch Ihm gefallen kann. Und um nicht zu bemerken, wenn man das Unglück hatte, sich in einem so bedauernswerten Zustand zu befinden, dass man nur eine Sache tun muss, nämlich mit allen seinen Kräften daran arbeiten, seine Wege wieder geradeaus zu richten, sich wieder in die Ordnung Gottes zu begeben, zurückzukehren zur Wahrheit seiner Regel, ihren Geist, die Grundsätze und Übungen wieder aufzunehmen, wenigstens den Willen aufzubringen, dem Toren ähnlich zu werden, von dem die Heilige Schrift spricht, der in seiner Armut zufrieden lebt, in seiner Not und in seinem äußersten Elend zufrieden lebte, während Gott gegen ihn diese schrecklichen Worte spricht: weil du dich wegen deines Reichtums gepriesen hast, dass du im Überfluss lebst, und weil du alles besitzt, merkst du nicht, dass du unglücklich bist, elend, arm, blind und nackt. *Denn du sagst, dass du reich bist und Reichtum erworben hast und dass es dir an nichts fehlt, und du weißt nicht, dass du unglücklich, erbarmungswürdig, arm, blind und nackt bist.*

Jene also, die in diesem Unglück sind, können sich leicht tun, sie können sich täuschen und ihr Gewissen in einer falschen Ruhe wiegen, aber sie können ihm nie eine echte Sicherheit geben. Dafür wäre es notwendig, auf die Milderungen zu verzichten, die sie eingeführt haben, und dass sie anfangen sich zu überzeugen, dass diese nicht gestattet sind, Gottes Majestät entehren, ebenso wie die Exzellenz und Würde ihrer Berufung.

Es dient nicht, zu sagen, dass die Regeln sehr ausführlich seien; es sei nicht nötig, sie in allen Punkten einzuhalten, und dass man Menschen nicht über das hinaus fordern kann, was sie versprochen haben. Zwar stimmt der hl. Bernhard überein und die ganze Welt mit ihm, dass die Regeln nicht zu einer derart buchstäblichen Beobachtung verpflichten, dass man keinen Artikel ohne schlechtes Gewissen auslassen kann und ohne sie zu verletzen.

Et que l'on peut, à l'exception des seuls religieux de l'Ordre de Cîteaux, y changer ou y retrancher quelque chose, selon les différents usages des Observances. Mais ce grand Docteur ajoute, et veut qu'on suive des coutumes et des pratiques qui soient saintes, et que l'on garde la tempérance, la justice et la piété. *Et si non ad unguem totam custodiunt, et si qua pro sui claustri ritu, vel mutant vel prætermittunt, à regulari tamen omnino professione non discedunt; dum tamen sobrie, et juste, et pie, pro suorum moribus vivere non desistunt*[106].

Jugez, mes frères, combien ces conditions si saintes et si raisonnables, conviennent peu aux mitigations dont il s'agit; et comme quoi saint Bernard était éloigné d'approuver une manière de vivre toute remplie de l'esprit du monde, de licence, de liberté, d'oisiveté, d'inutilité, de dérèglement, de plaisirs, de vanités et d'indépendance.

Je m'arrête là et ne veux point passer à des choses plus extrêmes, cela suffit pour votre instruction. D'ailleurs on n'est que trop informé des désordres qui règnent aujourd'hui parmi les moines et dans les cloîtres où les réformes n'ont point été introduites.

Je vous ai déjà dit bien des fois, mes frères, et je vous le répète encore comme un des plus importants avis que je puisse vous donner. N'ayez jamais aucune créance[107] en ceux qui ne vous parleront pas comme les saints, en quelque nombre qu'ils puissent être, et quelque rang et quelque autorité qu'ils aient auprès de vous. Dieu vous a déclaré ses volontés par la bouche de ses saints, de vos Instituteurs, et de vos Pères qui étaient des hommes pleins de son esprit et selon son cœur. Vous devez considérer toutes les instructions qu'ils vous ont données comme si vous les teniez immédiatement de lui. Car qu'importe, dit saint Bernard[108], que Dieu s'explique par lui-même, ou par ses ministres, par les hommes ou par les anges ?

---

[106] Bern. De prec. et disp. c.16, 48: SBO Vol. III; p. 286
[107] Créance: croyance ou foi
[108] Id.:c. 9; n° 21; SBO id. p. 268

Und dass man, mit der einzigen Ausnahme der Mönche von Cîteaux, dort etwas ändern oder wegstreichen kann, je nach verschiedenen Gebräuchen und Observanzen. Aber dieser große Weise fügt hinzu und will, dass man Bräuche und Praktiken befolgt, die heilig sind, und dass man dies mit Maß, Gerechtigkeit und Frömmigkeit tut. *Auch wenn sie diese (die Ordensregel) nicht aufs Haar genau und ganz befolgen, auch wenn sie manches nach dem Brauch ihres Klosters ändern oder übergehen, weichen sie dennoch keineswegs von ihrem Ordensgelübde ab, solange sie nicht ablassen, weiterhin nach der Lebensweise ihrer Mitbrüder nüchtern, gerecht und fromm zu leben.*

Entscheidet, meine Brüder, wie viele von diesen so heiligen und so vernünftigen Bedingungen kaum zu den in Rede stehenden Milderungen passen; und wie weit der hl. Bernhard entfernt war, eine Lebensweise zu billigen die ganz erfüllt mit dem Geist der Welt war, mit Beliebigkeit, Freiheit, Müßiggang, Nutzlosigkeit, Lockerung, Vergnügen, Eitelkeiten und mit Unabhängigkeit.

Ich halte hier ein und will gar nicht zu schlimmeren Dingen übergehen, zur Belehrung für euch reicht dies aus. Im Übrigen ist man mehr als genug über die Unordnung informiert, die heute unter den Mönchen und in den Klöstern herrscht, wo die Reformen nicht eingeführt wurden.

Ich habe euch, meine Brüder, bereits viele Male gesagt und wiederhole es euch noch einmal als eine der wichtigsten Ansichten, die ich euch weitergeben kann. Glaubt niemals jenen, die nicht wie die Heiligen zu euch sprechen, wie groß ihre Zahl auch sei, welchen Rang oder welche Autorität sie bei euch auch haben mögen. Gott hat euch Seinen Willen erklärt durch den Mund Seiner Heiligen, eurer Gründer und Väter, die Menschen voll Seines Geistes und nach Seinem Herzen waren. Ihr müsst alle Lehren bedenken, die sie euch gegeben haben, als ob ihr sie direkt von Ihm erhieltet. Das nämlich ist wichtig, sagt der hl. Bernhard, was Gott selbst erklärt, oder durch seine Diener, durch die Menschen oder durch die Engel?

Quamobrem quidquid vice Dei præcipit homo, quod non sit tamen certum displicere Deo, haud secus omnino accipiendum est quam si præcipiat Deus. Quid enim interest, utrum per se, on per suos ministros; sive homines, sive Angelos hominibus innotescat suum placitum Deus ?

Souvenez-vous donc, mes frères, de n'écouter jamais ceux qui vous aborderont avec des paroles de séduction et de mensonge, de quelque prétexte de piété qu'ils les couvrent; *Nolite confidere in verbis mendacii dicentes; templum Domini, templum Domini, templum Domini est*[109].

Et ne manquez point dans ces sortes de rencontres, de faire ce qu'ordonne le même prophète lorsqu'après s'être plaint de ce que ceux qui sont établis pour donner la lumière et la conduite, sont remplis de fraude, et répandent l'erreur. Prenez garde, dit-il, examinez les chemins et informez-vous quelles sont les voies anciennes, et que rien ne vous empêche d'y marcher, quand vous les aurez trouvées. Et assurez-vous que c'est à cela seulement que Dieu a attaché votre salut, votre consolation, et votre repos. *State super vias, et videte, et interrogate de semitis antiquis, quæ sit via bona, et ambulate in ea; et invenietis refrigerium animabus vestris*[110].

C'est une conduite pleine de présomption, dit saint Basile[111], de ne pas s'attacher aux traces des saints Pères, et de préférer ses propres imaginations à leurs sentiments.

---

[109] Jr 7, 4
[110] Jr 6, 16
[111] Epist. 300

Was immer deshalb ein Mensch an Gottes Statt befiehlt, ist, sofern es nicht mit Sicherheit Gott missfällt, durchaus genauso aufzunehmen, wie wenn Gott es befiehlt. Denn was macht es für einen Unterschied, ob Gott den Menschen seinen Willen persönlich oder durch seine Diener, seien es Menschen oder Engel, verkündet?

Also denkt daran, meine Brüder, nie auf jene zu hören, die euch mit Worten der Verführung und der Lüge bedrängen, verdeckt unter irgendwelchen frommen Vorwänden; *Verlasst euch nicht auf Lügenworte, wenn ihr sagt: Der Tempel des Herrn ist es, der Tempel des Herrn, der Tempel des Herrn!*

Und versäumt niemals in diesen Zusammenkünften, zu tun, was derselbe Prophet befiehlt, nachdem er sich darüber beklagt hat, dass jene die bestimmt sind, Licht und Lenkung zu geben, voller Betrug sind und Irrtümer verbreiten. Hütet euch, sagt er, prüft die Wege und informiert euch, welches die alten Wege sind, und nichts soll euch hindern, diese zu gehen, wenn ihr sie gefunden habt. Und seid versichert, dass es nur dies ist, woran Gott euer Heil geknüpft hat, euren Trost und eure Ruhe. *Haltet inne auf euren Wegen, seht zu und fragt nach den alten Wegen, welcher Weg ein guter sei, und wandelt darauf. So werdet ihr Erquickung für eure Seelen finden.*

Es ist dünkelhaftes Verhalten, sagt der hl. Basilius, sich nicht an den Spuren der heiligen Väter auszurichten und seine eigenen Einbildungen deren Einsichten vorzuziehen.

QUESTION IV

Peut-on en sûreté de conscience suivre l'exemple et se conformer à ce grand nombre de religieux qui vivent selon des maximes si contraires aux Règles primitives ?

Réponse

Dieu nous a défendu par son prophète[112], mes frères, dans l'Ancien Testament, de suivre la multitude lorsqu'elle abandonne la vérité, et il nous déclare dans le nouveau, par la bouche de son Fils[113], que la voie qui conduit à la vie est étroite; que peu de personnes la trouvent, mais que celle qui mène à la mort est large et spacieuse, et qu'elle est suivie du grand nombre.

Saint Basile, suivant cette grande vérité, donne pour instruction aux solitaires[114], d'imiter la conduite de ceux qui vivent saintement, d'en graver les actions dans le fond de leurs cœurs et de demander à Dieu la grâce d'être du petit nombre. Car, dit-il, tout ce qui est excellent est rare, et c'est pour cela qu'il y aura peu de personnes qui entreront dans le Royaume de Jésus Christ.

Le saint abbé Paphnuce nous apprend la même chose dans les Conférences de Cassien lorsqu'il dit, parlant à des solitaires: Je crains fort, mes enfants, qu'il ne se trouve aujourd'hui une multitude de personnes, aussi grande que pouvait être celle des Juifs qui violèrent la loi de Dieu du temps de Moïse, car de six cent mille hommes armés qui sortirent de l'Egypte[115], il n'y en eut que deux qui entrèrent dans la terre promise.

---

[112] Ex 23, 2
[113] Mt 7, 13-14
[114] Tract. De renunc.
[115] Ex 12, 37

FRAGE IV

Kann man mit sicherem Gewissen dem Beispiel folgen und sich der großen Zahl von Ordenleuten anpassen, die nach Grundsätzen leben, die so im Widerspruch zu den einfachen Regeln stehen?

Antwort

Gott hat uns, meine Brüder, durch seinen Propheten im Alten Testament verboten, der Menge zu folgen, wenn sie die Wahrheit aufgibt, und im Neuen erklärt Er uns durch den Mund Seines Sohnes, dass der Weg, der zum Leben führt, eng sei; dass Wenige ihn finden, aber dass der Weg, der zum Tod führt, breit und geräumig ist, und dass die Menge ihm folgt.

Der hl. Basilius folgt dieser großen Wahrheit und gibt den Einsiedlern auf, das Verhalten jener nachzuahmen, die heilig leben, ihre Handlungen im Grund ihrer Herzen einzuprägen und von Gott die Gnade zu erbitten, bei der kleinen Zahl zu sein. Denn, so sagt er, alles Hervorragende ist selten, und deshalb gibt es wenige Personen, die ins Königreich Jesu Christi einziehen.

Der hl. Abt Paphnutius lehrt uns dasselbe in den Predigten von Kassian, wenn er im Gespräch mit Mönchen sagt: ich befürchte sehr, meine Kinder, dass man heute nicht viele solche Personen findet, wie auch die Zahl der Juden groß war, die zu Moses' Zeit Gottes Gesetz verletzten, denn von sechshunderttausend Bewaffneten, die aus Ägypten kamen, haben nur zwei das gelobte Land erreicht.

Il faut donc nous hâter de nous former sur les exemples de ceux qui sont très rares et en un très petit nombre, parce que cette figure du vieux Testament est encore confirmée par cet oracle de l'Évangile: Il y a beaucoup d'appelés et peu d'élus[116].

Nous apprenons quelque chose de semblable dans l'Imitation de Jésus Christ[117] lorsqu'après y avoir vu quelle a été la perfection éminente et le souverain détachement des premiers solitaires, nous lisons qu'ils ont été donnés pour modèle à tous les moines, et qu'ils doivent avoir plus de puissance et d'efficacité pour nous porter à nous avancer dans le bien, que non pas le grand nombre des religieux négligents à nous induire à mener une vie relâchée.

Ainsi, mes frères, il faut suivre et imiter ceux qui gardent la vérité dans leur conduite, quelque petit que le nombre en puisse être; fuir et s'éloigner de ceux qui marchent dans l'erreur, quand ils surpasseraient en nombre le sable de la mer. La multitude donne une fausse autorité au dérèglement des méchants et elle en impose aux ignorants et aux faibles; mais elle ne justifie point ni les uns ni les autres. L'erreur pour être devenue universelle ne change point de nature. Et ceux qui ont des vices et des excès qui leur sont communs avec le grand nombre des hommes, recevront avec eux des châtiments et des peines communes.

---

[116] Mt 20, 16
[117] In lib 1 c. 18; v.17

Wir müssen also eilen, uns nach dem Vorbild jener zu bilden, die sehr selten und klein an Zahl sind, denn die Darstellung im alten Testament wird noch durch die folgende Verheißung des Evangeliums bestätigt: viele sind berufen aber nur wenige sind auserwählt.

Wir lernen Ähnliches in der Nachfolge Christi, wenn wir dort die herausragende Vollkommenheit und die souveräne Loslösung der ersten Einsiedler gesehen haben, und dann lesen dass sie allen Mönchen zum Beispiel gegeben wurden, und dass sie mehr Kraft und Wirksamkeit haben müssen, uns beim Fortschritt im Guten voranzubringen, als die große Zahl der nachlässigen Ordenleute die uns zu einem gelockerten Leben verführen wollen.

So muss man, meine Brüder, jenen folgen und die nachahmen, die die Wahrheit in ihrer Lebensführung behalten, gleich wie klein sie an Zahl sind; man muss fliehen und sich von jenen fern halten, die im Irrtum wandeln, selbst wenn sie zahlenmässig den Sand im Meer übertreffen würden. Die Menge gibt der Regellosigkeit der Bösen eine falsche Autorität, und drängt sie den Unwissenden und Schwachen auf; aber sie rechtfertigt weder die Einen noch die Anderen. Der Irrtum bleibt Irrtum, auch wenn er allgemein geworden ist. Und jene, die Laster und Auswüchse mit der großen Menge der Menschen gemein haben, werden mit ihnen gemeinsam auch die Strafen und Leiden erhalten.

QUESTION V

Est-il donc possible de se sauver dans ces sortes de mitigations ?

Réponse

Les élus de Dieu sont répandus par le monde entier, il n'y a point de lieu, ni d'état où il ne se rencontre quelqu'un qui lui appartienne, et qu'il ne regarde comme un vase de miséricorde. Ainsi, dans les Congrégations les plus relâchées et les plus irrégulières, il se trouve toujours quelques âmes choisies qui, se servant des lumières qu'elles ont reçues de Dieu, et connaissant la vérité, se retirent des dérèglements communs. Et par des efforts, par des prières, par des aspirations continuelles, par le soin qu'elles ont de garder dans leur vie et dans leur conduite, toute l'exactitude et la régularité qui est dans leur pouvoir, elles font devant Dieu par la disposition de leur cœur tout ce que le mauvais ordre des monastères et la violence des personnes auxquelles elles sont soumises, les empêchent de pratiquer. Elles sont comme ces olives de l'Écriture qui sont demeurées sur les arbres après la récolte, comme cette grappe de raisin qui a échappé à la main et à la recherche des vendangeurs; comme Lot, qui conserva la crainte de Dieu au milieu d'un peuple qui l'avait entièrement perdue, et comme Noé qui garda l'innocence dans la corruption générale du monde[118].

[118] Cf. 2 P 2, 5-6

FRAGE V

Ist es denn innerhalb dieser Auflockerung noch möglich, sich zu retten ?

Antwort

Die Auserwählten Gottes sind über die ganze Welt verstreut. Es gibt keinen Ort, keinen Stand, wo sich nicht jemand befindet, der Ihm ganz gehört und den Er als Gefäß der Barmherzigkeit ansieht. So gibt es selbst in den am lockersten und am wenigsten regelkonformen Ordensgemeinschaften stets einige auserwählte Seelen, die sich von den gemeinen Regelverstößen fernhalten, da sie der ihnen von Gott geschenkten Erleuchtung folgen und die Wahrheit erkennen. Durch persönlichen Einsatz, Gebete und unermüdliche Anstrengungen, in ihrer Sorge, durch ihr Verhalten die Ordensregel nach Kräften einzuhalten, verwirklichen sie vor Gott aufgrund der Befindlichkeit ihres Herzens all das, woran sie die mangelnde Ordnung in gewissen Klöstern und der Druck seitens ihrer Oberen hindern, es zu praktizieren. Sie sind vergleichbar mit den Oliven, von denen in der Hl. Schrift die Rede ist die nach der Ernte am Baum verblieben sind, vergleichbar mit der Weintraube, die der suchenden Hand der Weinleser entkommen ist, vergleichbar mit Lot, der die Gottesfurcht mitten in einem Volk bewahrte, welches sie völlig verloren hatte, vergleichbar mit Noah, der in der allgemeinen Verdorbenheit der Welt unschuldig blieb.

QUESTION VI

Quelles sont donc ces mitigations que vous appelez légitimes ?

Réponse

Les mitigations que nous croyons légitimes sont celles que nous voyons établies par l'autorité des Souverains Pontifes, et par les Constitutions de l'Église. Et personne ne saurait disconvenir qu'elles ne soient légitimes; qu'on ne doive les regarder d'une manière bien différentes de ces relâchements dont nous venons de parler; et qu'on ne puisse les embrasser avec sûreté de conscience, pourvu qu'on les prenne précisément comme l'Église les a faites; qu'on se tienne au tempérament et aux modifications qu'il lui a plu d'établir, sans y en ajouter de nouvelles. Et qu'on ne corrompe pas la rectitude d'un adoucissement qu'elle a rendu licite, par d'autres adoucissements qui ne le soient point. Car autrement, on se trouverait dans un état qui serait à l'égard de la mitigation légitime, ce que sont les fausses mitigations à l'égard de la vérité de la Règle.

Mais en cela, il y a trois choses à considérer. L'une que jamais l'Église n'a adouci les Règles, que lorsqu'elle y a été obligée par la grandeur ou par une longue suite de relâchements, et que l'excès des maux a fait qu'on n'a pu rétablir les choses selon la règle et l'intuition primitive. L'Église comme une Mère charitable, touchée du malheur de ses enfants, et affligée de leur chute, s'est abaissée pour les relever, pour les soutenir, et pour empêcher qu'ils ne tombent encore plus bas. Elle a mieux aimé pour compatir à leurs faiblesses, les décharger des observances les plus rudes, des pratiques les plus pénibles, et les plus laborieuses; et de les mettre dans un état d'une austérité médiocre qu'ils fussent capables de porter, que de les laisser accablés de devoirs et dans une contravention publique

FRAGE VI

Welches also sind diese Milderungen, die Ihr legitim nennt?

Antwort

Die Milderungen, die wir für legitim halten, sind jene, die wir eingeführt sehen durch die Autorität der Päpste und durch die Konstitutionen der Kirche. Und niemand könnte sie ablehnen und meinen, sie seien nicht legitim; man muss sie in ganz anderer Art und Weise betrachten als die Erleichterungen, von denen wir soeben gesprochen haben; und man kann sie ruhigen Gewissens in Anspruch nehmen, vorausgesetzt, man tut dies ganz genau so, wie die Kirche sie festlegte; dass man sich an die Natur und die Änderungen hält, die sie für geeignet hielt so einzurichten, ohne neue dazu zu tun. Und dass man nicht die Geradheit einer Milderung verdirbt, die sie als erlaubt bezeichnet hat, durch andere Erleichterungen, die sie nicht erlaubt hat. Denn sonst würde man sich in einem Stand befinden, der außerhalb der legitimen Milderung wäre, wie es die falschen Milderungen in Bezug auf die Wahrheit der Regel sind.

Aber dabei gilt es drei Dinge zu erwägen. Eins ist, dass die Kirche die Regeln nie gemildert hat, außer wenn sie dazu durch die Größe oder eine lange Folge der Lockerungen gezwungen war, und wenn das Übermaß der Übel dazu führte, dass man die Dinge nicht nach der Regel und einfacher Eingebung wiederherstellen konnte. Die Kirche als eine barmherzige Mutter, gerührt vom Unglück ihrer Kinder und getroffen von deren Niedergang, beugt sich um sie aufzuheben, sie zu stützen, und um zu verhindern dass sie erneut stürzen. Sie wollte, um ihren Schwächen entgegenzukommen, sie lieber von den gröbsten Observanzen, den mühevollsten und arbeitsintensivsten Praktiken entlasten und ihnen einen Zustand mäßiger Strenge gewähren, den sie ertragen könnten, als sie unter Pflichten und in öffentlichem, skandalösem Widerspruch zu belassen, diese

et scandaleuse, à ce grand nombre d'obligations qu'ils ne connaissaient plus, et dont ils n'avaient pas seulement la pensée de s'acquitter.

Secondement, toutes les fois que l'Église a été obligée de faire de ces sortes d'établissements, ce n'a été qu'en gémissant, et en témoignant sa douleur de voir ternir la beauté et l'éclat de ces grands Ordres, qui sont partis de la main de Dieu comme autant de chefs-d'œuvre de sa puissance et de sa grâce; que ses saints ont consacrés par leurs larmes, par leurs travaux et par leur pénitence; et qui ont été - pendant que la sainteté s'y est conservée - la gloire, l'ornement, et le soutien du monde. Elle a même donné des marques en toutes occasions du désir qu'elle avait de faire revivre cette perfection première, en exhortant les fidèles d'embrasser les Règles dans leur pureté; et en ordonnant, comme elle a fait encore depuis peu dans le Concile de Trente[119], qu'on réforme toutes les Observances régulières selon l'esprit des Saints et les premières institutions.

De sorte que ce serait se tromper que de considérer comme des effets de son inclination particulière ce qui lui a été comme ravi par la compassion qu'elle a eue pour des personnes imparfaites et misérables et ce qu'elle n'a donné qu'à leurs besoins et à leurs nécessités pressantes. Tellement qu'on pourrait dire à ceux qui au lieu de s'humilier d'un état qui n'étant qu'une pure condescendance, leur doit mettre incessamment leurs faiblesses devant les yeux, voudraient s'en prévaloir et en tirer des conséquences au préjudice de la vérité et de la Règle, dont ils n'ont pu porter ni la régularité ni la discipline; *Attendite ad Petram unde excisi estis*[120]. Pensez combien vous êtes au-dessous de votre naissance, et de votre origine. Ou bien ce que notre Seigneur disait autrefois aux Pharisiens[121]: *Quoniam Moyses ad duritiam cordis vestri permisit vobis dimittere uxores vestras ab initio autem non fuit sic*. Ce n'est que la dureté de votre cœur qui l'a emporté, car les choses n'étaient pas ainsi dans les commencements.

---

[119] Sess. 25. de refor. Cap. 1
[120] Is 51, 1 / Jes. 51,1
[121] Mt 19, 8

große Anzahl der Pflichten zu tragen, die sie nicht mehr kannten, und an die sie nur dachten um sich davon zu befreien.

Zweitens, immer, wenn die Kirche gezwungen wurde, derartige Einrichtungen zu treffen, tat sie es nur unter Ächzen und indem sie ihren Schmerz ausdrückte, die Schönheit und den Glanz dieser großen Orden ermatten zu sehen, die aus Gottes Hand als ebenso viele Meisterwerke seiner Macht und Gnade hervorgegangen sind; die seine Heiligen durch ihre Tränen, ihre Arbeit und durch ihre Buße geheiligt haben und die - solange die Heiligkeit dort anhielt – der Welt Ehre, Schmuck und Hilfe waren. Sie hat sogar bei jeder Gelegenheit ihr Verlangens gezeigt, diese erste Vollkommenheit wieder aufleben zu lassen, indem sie die Gläubigen ermahnte, die Regeln in ihrer Reinheit zu ergreifen; und indem sie anordnete, wie noch vor kurzem im Konzil von Trient, dass man alle regulären Observanzen nach dem Geist der Heiligen und der ursprünglichen Institutionen erneuern möge.

Daher würde man sich täuschen, sähe man als Wirkungen ihrer eigenen Neigung das an, wozu sie durch ihr tiefes Mitgefühl hingerissen wurde, das sie für unvollkommene und bedauernswerte Personen hatte und was sie jenen nur wegen ihres Bedürfnisses und ihren dringenden Not gegeben hat. So sehr, dass man jenen sagen könnte, die, anstatt sich zu einem Stand zu erniedrigen, der als reine Herablassung ihnen ihre Schwäche ununterbrochen vor Augen halten müsste, sich darauf berufen und daraus Folgen zum Schaden von Wahrheit und Regel ableiten, von der sie weder die Regeltreue noch die Disziplin übernehmen konnten: *Achtet auf den Felsen, aus dem ihr gehauen seid.* Bedenket, wie tief ihr unter eure Geburt und eure Herkunft gesunken seid. Oder das, was unser Herr früher den Pharisäern sagte: *Weil Mose euch wegen eurer Herzenshärte erlaubt hat, eure Frauen aus der Ehe zu entlassen. Im Anfang aber war es nicht so.* Es ist nur die Härte eures Herzens, die ihn dazu gebracht hat, denn zu Anfang waren die Dinge anders.

Troisièmement, il faut considérer que quand l'Église a établi des mitigations, elle a seulement tempéré l'austérité de la vie, elle a dispensé de quelques pratiques et de quelques exercices sensibles, pour rendre l'état plus proportionné à l'infirmité de ceux que l'on ne pouvait pas élever à une conversation[122] plus parfaite. Mais elle n'a jamais touché à ce qui est essentiel à la profession monastique; elle n'a point déchargé les religieux de l'obligation que Jésus Christ leur a imposée de tendre sans cesse à la pureté évangélique et à la perfection d'une vie sainte. Elle est trop jalouse de sa gloire pour vouloir diminuer en rien le culte et les hommages du cœur que les hommes sont obligés de lui rendre. Outre que c'est un devoir que saint Bernard appelle[123] immuable, et qui ne reçoit de la part des hommes, ni changements, ni modifications. Tellement qu'il est vrai de dire qu'un religieux, dans la mitigation comme dans l'étroite observance de la Règle, est indispensablement obligé de travailler à acquérir une vertu éminente, qu'une piété commune ne lui convient plus, et qu'il doit servir Jésus Christ dans un accomplissement exact de tous ses conseils[124]. *Nihil congruentius quam quod divina ita constat et æterna ratione firmatum, ut nulla ex causa possit vel ab ipso Deo aliquatenus immutari. Sub hoc genere est omnis illa sermonis dominici in monte habiti spiritualis traditio; et quidquid de dilectione, humilitate, mansuetudine, cæterisque virtutibus, tam in novo quam in veteri testamento spiritualiter observandum traditur*

Cependant quoique cette obligation subsiste dans son entier, il faut demeurer d'accord, qu'il perd par la mitigation la plus grande partie des moyens par lesquels il y peut satisfaire.

[122] Cf. note 20 p. 11
[123] De Præc. et disp. c. 3;7; SBO Vol. III p. 258
[124] Id.

Drittens muss man in Betracht ziehen, dass die Kirche, als sie Erleichterungen einführte, nur die Strenge der Lebensführung abgemildert hat. Sie erteilte Dispens von einigen schwierigen Praktiken und Übungen, um den Ordensstand eher vereinbar zu machen mit der Schwachheit derjenigen, die nicht an ein vollkommeneres Ordensleben herangeführt werden können. Aber sie hat nie an das gerührt, was für die Berufung eines Mönches wesentlich ist, d.h. sie hat keineswegs die Ordensleute von der Verpflichtung entbunden, die Jesus Christus ihnen auferlegt hat, nämlich unaufhörlich nach der evangelischen Reinheit und nach der Vollkommenheit eines heiligmässigen Lebens zu streben. Ihr ist zu sehr an ihrem Ruhm gelegen, als dass sie im geringsten die von Herzen kommende Verehrung Gottes verringern wollte, die die Menschen zu leisten verpflichtet sind. Dies ist außerdem eine Aufgabe, die der hl. Bernhard ‚unabänderlich' nennt und die von Seiten der Menschen keine Veränderungen erfahren darf. Folglich ist es richtig zu behaupten, dass ein Ordensbruder, der die Regel auf gemäßigte oder auf strikte Art und Weise einhält, unbedingt verpflichtet ist, eine herausragende Tugendhaftigkeit anzustreben, dass gewöhnliches Mitleid ihm nicht gebührt und er Jesus Christus in genauer Erfüllung Seiner Räte dienen muss. *(Es gibt) nichts Passenderes als das, was durch einen göttlichen und ewigen Plan so feststeht und festgelegt ist, dass es unter keinen Umständen und nicht einmal von Gott selbst irgendwie geändert werden kann. Von dieser Art ist die ganze geistliche Überlieferung der Bergpredigt des Herrn geprägt und auch all das, was immer über die Liebe, die Demut, die Sanftmut und die übrigen Tugenden im Neuen wie im Alten Testament geistlich zu beobachten überliefert ist.*

Obwohl jedoch diese Verpflichtung in vollem Unfang weiter besteht, muss man weiterhin darin übereinstimmen, dass er durch die Abmilderung der Observanz den größten Teil der Mittel verliert, durch die er ihr genügen kann.

Car nous apprenons par la raison, par l'expérience, comme par les instructions des saints, que les jeûnes, l'abstinence, les veilles, les travaux corporels, le silence et les autres observances ascétiques, sont les secours les plus puissants et les plus efficaces que nos Pères nous aient laissés pour arriver à cette fin. Et par conséquent, les mitigations quoique saintes et charitables dans l'intention et dans la conduite de l'Église, sont néanmoins des états d'affaiblissement et de privations. Elles nous laissent les dettes, les obligations, et les charges, et diminuent des avantages et des facilités que la Règle nous a donnés pour nous en acquitter.

Et si vous voulez, mes frères, vous faire une idée juste et véritable d'un religieux vivant dans la mitigation, imaginez-vous un homme à qui on aurait imposé une tâche dure et pénible, et prescrit tout ensemble des voies et des moyens pour y satisfaire, comme serait de veiller, de travailler au soleil pendant la grande chaleur des journées, de se servir de certains instruments pesants et difficiles à manier, mais très propres pour avancer son ouvrage; et auquel dans la suite par la considération de sa délicatesse et de la faiblesse de sa volonté plutôt que de celle de son corps, on aurait permis de prendre des instruments plus aisés, et plus maniables, de travailler à des temps et à des heures plus commodes, sans lui rien diminuer néanmoins de la grandeur de la tâche qu'on lui aurait donnée. Comme l'obligation de cet artisan est toujours la même, aussi celle de ce religieux n'est point changée. Comme on désire de l'un les mêmes ouvrages, encore qu'on l'ait soulagé dans la manière, ainsi on demande de l'autre la même perfection quoique, pour s'accommoder à son infirmité, on tolère qu'il se serve de voies et de conduites plus aisées.

Denn wir erkennen vernunft- und erfahrungsgemäß und ebenso auf Grund der Unterweisungen der heiligen Ordensväter, dass das Fasten, die Enthaltsamkeit, das Wachen, die körperlichen Arbeiten, das Schweigen und die übrigen asketischen Auflagen der Ordensregel die wirkmächtigsten Hilfestellungen darstellen, die die Ordensgründer uns hinterlassen haben, um zu diesem Ziel zu gelangen. Folglich sind Abmilderungen der Observanz, so heilsam und gut gemeint sie auch in der Absicht und der Praxis der Kirche sein mögen, trotzdem Schwäche- und Mängelzustände; sie erlassen uns die Schuldigkeit, die Verpflichtungen und Bürden und verringern die Vorteile und Möglichkeiten, die die Regel uns zu ihrer Erfüllung geboten hat. …

Und wenn ihr, meine Brüder, euch eine richtige und wahre Vorstellung von einem Mönch machen wollt, der nach gemilderter Regel lebt, vergegenwärtigt euch einen Mann, dem man eine harte und mühsame Aufgabe auferlegt und dem man alle Wege und Mittel vorschreibt, um sie zu erfüllen, wie man wachen muss, in der Sonnenhitze des Tages zu arbeiten hat, sich einiger schwierig zu handhabender Instrumente von großem Gewicht zu bedienen, die aber sehr geeignet sind, um sein Werk voranzubringen; und dass man ihm dann infolge einer Erwägung seiner Empfindlichkeit und Willensschwäche und weniger wegen seiner körperlichen Schwachheit erlaubt hätte, leichtere und handlichere Werkzeuge zu nehmen, zu bequemeren Zeiten und Stunden zu arbeiten, ohne auch die Größe der ihm übertragenen Aufgabe zu vermindern. Wie die Pflichten dieses Handwerkers gleich bleiben, so ist auch jene dieses Mönchen unverändert. Wie man von dem einen die gleichen Ergebnisse erwartet, gleich wie man seine Arbeitsweise erleichtert, so verlangt man auch von dem anderen dieselbe Vollkommenheit, obwohl man duldet, dass er leichterer Wege und Verhaltensweisen nutzt, um sich seinem Gebrechen anzupassen.

Inférez de tout ce que je viens de dire, mes frères, que les mitigations sont pleines d'inconvénients et de dangers, et que l'Église ne les a faites et ne les a approuvées que lorsque la nécessité l'y a contrainte, et qu'elle n'a point trouvé d'autres remèdes ni d'autres expédients pour guérir les maux, arrêter les désordres et pourvoir au salut de ses enfants.

Si après cela vous êtes en peine de savoir ce que doit faire un religieux dans une observance mitigée pour assurer son salut, je vous dirai qu'il faut qu'il entre dans l'intention de l'Église; qu'il se mette en état de recevoir les grâces et les bénédictions que Dieu attache à toutes les choses qui ont son approbation, qu'il embrasse et qu'il se tienne avec un attachement inflexible à tout ce qu'elle lui ordonne dans l'établissement de la mitigation, qu'il rende son exactitude si littérale dans tous ses points, qu'il n'ait jamais la moindre pensée de rien diminuer du joug qui lui est imposé; qu'il s'humilie incessamment dans la vue de sa faiblesse et dans le sentiment de son impuissance; qu'il se confonde et qu'il gémisse de se voir dans une conversation[125] si éloignée de l'austérité de la pénitence et de la mortification que les saints Pères ont pratiquée; que le souvenir de toutes ces différences le fasse rentrer en lui-même et le porte à travailler sans relâche pour remplir par les dispositions de son cœur ces grands vides qui se rencontrent dans l'état extérieur de sa vie. Qu'il s'emploie par une application fidèle et principale à faire renaître en lui l'esprit de sa Règle, dont il a perdu presque toute la lettre et la rigueur. Enfin, qu'il se rende digne par une conversion sincère, par toutes les pratiques de piété, d'abnégation, d'humiliation, de prières d'assujettissement, d'obéissance, desquelles l'Église ne l'a point dispensé et ne dispensera jamais personne d'obtenir de Dieu ce dégagement intérieur, cette pureté du cœur, cette perfection évangélique que Jésus Christ demandera jusqu'à la fin des siècles de tous ceux qui ont reçu de lui la grâce de se consacrer à son service par les vœux de la religion.

---

[125] Cf. note 20 p. 11

Schließt also aus dem eben Gesagten, meine Brüder, dass Regelerleichterungen voller Nachteile und Gefahren sind und dass die Kirche sie nur für den Fall eingerichtet und gebilligt hat, wo Not sie dazu gezwungen hat und sie keinerlei andere Mittel gefunden hat, um Übel zu heilen, Disziplinlosigkeiten zu wehren und für das Heil ihrer Kinder zu sorgen.

Wenn ihr nach all dem Schwierigkeiten habt zu erkennen, was ein Mönch, der eine gemilderte Observanz praktiziert, tun soll, um sein Heil sicher zu stellen, so sage ich euch, er solle die Absichten der Kirche verinnerlichen, sich in den Zustand versetzen, die Gnade und den Segen Gottes zu erhalten, die Er mit allem verbindet was Er billigt; er soll mit unerschütterlicher Bindung alles aufnehmen und festhalten, was sie ihm im Status der Milderung gebietet; dass er seine Genauigkeit in allen Punkten so wörtlich nimmt, dass er nie den geringsten Gedanken an eine Erleichterung seines Joches verschwendet; dass er sich angesichts seiner Schwäche und im Gefühl seiner Kraftlosigkeit unaufhörlich erniedrigt; dass er sich schämt und ächzt, sich in einem von der Buß-Strenge und Abtötung der heiligen Väter so entfernten Zeitvertreib zu sehen; dass die Erinnerung an all diese Unterschiede ihn auf sich selbst zurückbesinnen lässt und ihn dazu bringt, ununterbrochen daran zu arbeiten, durch die Hinwendung seines Herzens diese große Leere zu füllen, die sich im äußeren Zustand seines Lebens aufgetan hat. Dass er sich bemühe, durch eine gläubige und grundsätzliche Zuwendung in sich den Geist der Regel zu erneuern, deren buchstäbliche Strenge er fast ganz verloren hatte. Schließlich, dass er sich würdig macht durch lautere Umkehr, durch all die Frömmigkeitsübungen, Selbstverleugnung, Selbsterniedrigung, Gebete, Unterwerfung, Gehorsam, wovon die Kirche ihn ja keineswegs dispensiert hat und nie jemanden dispensieren wird, soll er sich würdig erweisen, von Gott jene innere Selbstentäußerung, jene Reinheit des Herzens und jene evangelische Vollkommenheit zu erhalten, die Jesus Christus bis zum Ende der Zeiten von all jenen verlangt, die von Ihm die Gnade empfingen, sich durch die Ordensgelübde ganz Seinem Dienst zu weihen.

QUESTION VII

Que peut-on dire d'une conduite qui se trouve dans les Observances qui font profession d'être réformées, et qui peut être regardée comme une espèce de mitigation spirituelle ?

Réponse

Cette mitigation, mes frères, dont je vous ai parlé quelquefois, n'est guère moins dangereuse que celles qui sont plus scandaleuses et plus grossières. Les plaies qu'elle fait ne laissent pas d'être profondes, quoiqu'elles ne soient pas si sensibles. C'est un mal couvert; c'est une maladie de l'âme toute intérieure; on la porte sans s'en apercevoir, et ce qui la rend incurable, c'est qu'elle n'est point connue du monde et que souvent en cela même, il applaudit à ceux qu'il devrait plaindre.

Ce mal donc se rencontre dans les Congrégations lorsqu'ayant été réformées, après avoir repris les jeûnes, les veilles, et d'autres régularités extérieures, on ne s'attache pas à l'intérieur. On néglige la piété et la réformation du cœur; on quitte l'esprit et la simplicité des saints; on se contente d'une certaine édification qu'on donne au public, et de la différence qu'on remarque entre l'état où l'on se trouve, et celui des religieux qui vivent dans le dérèglement et dans la licence.

Cependant comme la religion est tout intérieure et toute sainte, à moins qu'elle ne soit animée du véritable esprit, qui est celui des saints; à moins qu'il n'en forme les mouvements et les exercices, et qu'il n'en règle toute la conduite, bien loin qu'elle soit ce qu'elle devrait être, elle n'est rien qu'un masque, qu'une illusion, qu'une police toute humaine; et les religieux qui sont ainsi réformés n'ont pas plus d'avantage sur ceux qui ne le sont pas, que le pharisien de l'Évangile[126], qui se vantait d'être un fidèle observateur de la loi, en avait sur le publicain, qui faisait avant sa conversion une profession publique de ne pas la connaître.

---

[126] Lc 18, 12

FRAGE VII

Was kann man von einem Ordensleben sagen, das sich bei jenen Observanzen findet, die behaupten reformiert zu sein, und die man als „spirituell gemildert" ansehen kann?

Antwort

Diese Milderung, meine Brüder, über die ich zu euch einige Male gesprochen habe, ist fast ebenso gefährlich wie die anstößigeren und gröberen. Die Wunden, die sie schlägt, sind tief, obwohl sie nicht so empfindlich sind. Es ist ein Übel im Verborgenen; es ist eine Krankheit zutiefst im Inneren der Seele; man ist von ihr befallen, ohne es zu merken; und sie ist unheilbar weil sie bei der Masse gar nicht bekannt ist die jenen oft sogar noch zujubelt, die sie eigentliche bedauern müsste.

Dieses Übel findet sich also in den Kongregationen, nachdem sie reformiert sind, das Fasten wieder aufgenommen haben, die Nachtwachen und andere äußerliche Regeln einhalten aber sich innerlich nicht daran binden. Man vernachlässigt die Frömmigkeit und die Erneuerung des Herzens; man entfernt sich von Geist und Einfachheit der Heiligen; man gibt sich mit einer gewissen Erbauung zufrieden, die man öffentlich zeigt und damit den Unterschied festzustellen zwischen dem Stand, in dem man sich befindet und jenem der Ordensleute, die ungeregelt und freizügig leben.

Auch wenn die Frömmigkeit ganz innerlich, heilig ist, und der wahre Geist sie nicht durchweht, wie bei den Heiligen; und Er nicht in ihnen die Bewegung und die Übungen bildet und ihre ganze Lebensführung bestimmt, ist sie doch weit entfernt von dem was sie sein müsste, sie ist nichts als eine Maske, eine Illusion, eine einfache menschliche Politik; und die Mönche, die so reformiert sind, haben keinen Vorteil gegenüber den unreformierten, sowenig wie der Pharisäer des Evangeliums, der sich rühmte, ein treuer Beobachter des Gesetzes zu sein, gegenüber dem Zöllner hatte, das vor seiner Bekehrung öffentlich bekannte, es nicht zu kennen.

Saint Augustin nous fait une peinture de ces sortes de religieux lorsque parlant en la personne des chrétiens qui ne le sont que de nom et de profession, et non pas en vérité, il dit[127]: “Je me lève chaque jour de bonne heure, je vais à l’église, j’y chante une hymne dès le matin, j’en chante une autre le soir, j’en dis une troisième et une quatrième dans ma maison. Je ne manque point d’offrir à Dieu un sacrifice de louanges; je dis même ou j’entends la messe tous les jours. Vous faites bien, dit cet admirable Père, mais voyez si pour cela vous êtes en sûreté, et si Dieu n’est point déshonoré par vos œuvres, pendant que vous prétendez l’honorer par vos louanges: prenez garde en un mot, que vous ne chantiez mieux que vous ne vivez. *Surgam quotidie, pergam ad Ecclesiam, dicam unum hymnum matutinum, alium vespertinum, tertium aut quartum in domo mea, quotidie offero sacrificium laudis, et immolo Deo meo. Bene facis quidem, si hoc facis; sed vide si jam securus sis, quia jam hoc facis; et forte lingua tua Deum benedicat, et vita tua Deo maledicat; vide ne vivas male, et cantes bene.*

Cet esprit qui manque à ces religieux et dont la privation rend toute leur vie si inutile et si misérable, est celui de Jésus Christ même, qui donne par l’impression de sa grâce à tous ceux dans lesquels il se répand, les qualités, les maximes, les dispositions saintes que leur conviennent, et qui leur sont nécessaires pour les sanctifier dans les différents états auxquels sa vocation les engage. Celles qu’il donne à tous les moines, et qui sont essentielles à leur profession, sont le désir de la retraite, et d’une vie toute intérieure, l’amour des humiliations, de la mortification des sens, et de la pénitence; la componction du cœur, la présence des jugements de Dieu, la méditation de la mort. Enfin, c’est cette pauvreté d’esprit, et cette simplicité dont Jésus Christ nous a donné tant d’instructions dans l’Évangile.

Quoique ces sentiments nous soient comme autant de devoirs indispensables, et qu’ils se trouvent partout où la religion se rencontre

[127] In Ps 49

Der hl. Augustinus malt uns ein Bild der verschiedenen Arten von Ordensleuten, wenn von Christen spricht, die es nur dem Namen und dem Bekenntnis nach sind und nicht in Wahrheit und sagt: „Ich stehe jeden Tag zu früher Stunde auf, gehe zur Kirche, ich singe dort von früh an ein Lied, singe auch eins am Abend, und singe ein Drittes und Viertes in meinem Hause. Ich versäume nie, Gott ein Lobopfer darzubringen; ich lese oder besuche sogar alle Tage die Messe. Ihr tut gut, sagt dieser bewundernswerte Vater, aber schaut zu, ob ihr euch deswegen in Sicherheit wiegt, und ob Gott durch eure Werke in keiner Weise entehrt wird, während ihr meint Ihn durch euer Lob zu ehren: in einem Wort hütet euch, dass ihr nicht besser singt, als ihr lebt. *Ich stehe jeden Tag früh auf, gehe zur Kirche, spreche einen Hymnus am Morgen, einen anderen am Abend, einen dritten und vierten zu Hause. Täglich bringe ich das Opfer des Lobes dar und opfere meinem Gott. Du handelst zwar gut, wenn du das tust, aber sieh zu, ob du damit schon sicher bist in deinem Handeln. Es kann sein, dass deine Zunge Gott lobpreist und dein Leben für Gott eine Schmähung ist; sieh zu, dass du nicht schlecht lebst und gut singst.*

Dieser Geist, der diesen Mönchen fehlt und dessen Fehlen ihr ganzes Leben so nutzlos und elend macht, ist jener Jesu Christi selbst, der durch den Einfluss Seiner Gnade allen, denen Er sie zuwendet, die Fähigkeiten, die Leitlinien und heilige Disposition gibt, die ihnen zugute kommen, und deren sie bedürfen, um sie in den verschiedenen Ständen zu heiligen, zu denen Sein Ruf sie verpflichtet. Jene, die Er allen Ordensleuten gibt und die wesentlich zu ihrer Berufung sind, sind das Verlangen nach Zurückgezogenheit, nach einem ganz innerlichen Leben, die Liebe zur Demut, Abtötung der Sinne und zur Buße; die Zerknirschung des Herzens, die Gegenwärtigkeit der Urteile Gottes, die Betrachtung des Todes. Schließlich ist es diese geistliche Armut und diese Einfachheit, über die Jesus Christus uns im Evangelium so viel gelehrt hat.

Obwohl diese Ansichten uns ebenso sehr unentbehrliche Pflichten sind und sich überall ergeben, wo die Frömmigkeit sich in ihrer Reinheit

dans sa pureté, nous voulons être plus sages et plus éclairés que les saints; nous nous imaginons que les règles ont une latitude qu'ils ont ignorée. Nous regardons cette conduite extérieure comme excessive, et nous croyons qu'il est nécessaire d'en modérer la sévérité et la rigueur. On s'est figuré que la retraite et ce repos sacré, qui fait toute la consolation et la douceur des solitaires, jetait les âmes dans l'abattement et dans la langueur; que le silence détruisait la vigueur de l'esprit, et privait les frères des moyens innocents qu'ils pouvaient avoir de se donner des marques d'une charité mutuelle; que la présence des jugements de Dieu, et la méditation de la mort causait des troubles et des impressions d'une mélancolie noire; que les humiliations rebutaient les esprits bien faits; qu'elles n'étaient bonnes que pour les novices, et non pas pour les personnes d'une vertu avancée; que cette grande séparation du monde était regardée comme une rusticité grossière dont les hommes n'étaient pas capables; que cette pauvreté et cette simplicité évangélique - qui dans tous les temps a été le caractère véritable des saints - passe pour une folie et une stupidité, qui fait tort à la profession monastique, et qui rend les religieux méprisables.

Toutes ces considérations ont été cause qu'on a quitté les voies des saints, et qu'on s'en est fait de nouvelles. L'on a rendu la solitude moins exacte, et par conséquent la vie moins intérieure; l'on a eu plus de commerce avec les hommes, et moins avec Dieu. Sous prétexte d'une récréation et d'un délassement qu'on estime nécessaire, on a donné une liberté aux frères de s'entretenir, de disputer des questions de doctrine, de parler d'affaires, d'histoires, de contes, de nouvelles du monde, et de railleries, quoiqu'il n'y ait rien qui leur soit plus défendu par la Règle[128] puisqu'elle leur interdit pour jamais et pour quelque raison que ce puisse être, de s'entretenir de matières capables de les tirer de ce recueillement et de cette disposition intérieure, dans laquelle elle leur ordonne de passer leur vie; et qu'elle ne permet de parler ensemble - même de celles dont ils pourraient recevoir de l'édification –

---

[128] RB c. 6

darstellt, wollen wir weiser und aufgeklärter sein als die Heiligen; wir bilden uns ein, dass die Regeln eine Bandbreite hätten, die jene nicht beachteten. Wir betrachten diese äußere Lebensführung als übertrieben, und wir glauben, es sei notwendig, ihre Strenge und Rigorosität zu mäßigen. Man hat sich ausgedacht, die Zurückgezogenheit und die geheiligte Ruhe, die den ganzen Trost und die Zartheit der Einsiedler ausmacht, die Seelen zu Niedergeschlagenheit und Langweile brächte; dass das Schweigen die Kraft des Geistes zerstöre und entzog den Brüdern die unschuldigen Mittel, die sie sich mit Zeichen der gegenseitigen Barmherzigkeit geben konnten; dass die Vergegenwärtigung der Urteile Gottes und die Betrachtung des Todes zu Verwirrung und Anwandlungen dunklen Trübsinns verursachte; dass die Demut gut entwickelte Geister zurückbilde; dass sie nur gut für die Novizen und nicht für Personen von fortgeschrittener Tugend seien; dass diese großartige Trennung von der Welt als eine grobe bäurische Art angesehen wurde deren die Menschen nicht fähig seien; dass diese Armut und evangelische Einfachheit - die in allen Zeiten der wahre Charakter der Heiligen war – als Verrücktheit und Dummheit durchgehen, die der geistlichen Berufung Unrecht tut, und die die Mönche verächtlich macht.

All diese Erwägungen waren Grund, die Wege der Heiligen zu verlassen und stattdessen neue einzuschlagen. Man nahm die Einsamkeit weniger genau und folglich das Leben weniger innerlich; man trieb mehr Handel mit den Menschen und hatte weniger Umgang mit Gott. Unter dem Vorwand von Entspannung und Erholung, die man für notwendig hält, hat man den Brüdern die Freiheit gegeben, sich zu unterhalten, Fragen der Lehre zu erörtern, über Angelegenheiten, Geschichten, Erzählungen, weltliche Nachrichten und Bemerkungen zu sprechen, obgleich die Regel besonders verbietet, für immer und durch keinen Grund zu rechtfertigen, dass man sich über Gegenstände unterhält, die geeignet sind, sie aus dieser Andacht und dieser inneren Bereitschaft herauszulösen, in denen sie ihnen gebietet, ihr Leben zu verbringen; und die ihnen nicht erlaubt miteinander zu sprechen– nicht einmal über möglicherweise erbauende Themen –

qu'aux religieux d'une vertu consommée et très rarement. *Ergo quamvis de bonis et sanctis ad ædificationem eloquiis perfectis discipulis propter taciturnitatis gravitatem, rara loquendi concedatur licentia...Scurrilitates vero vel verba otiosa, et risum moventia, æterna clausura in omnibus locis damnamus. Et ad tale eloquium discipulum aperire os non permittimus.*

On leur a permis de recevoir des visites, et d'en rendre; on les a engagés dans la curiosité des sciences; on a dispensé ceux qui ont plus d'années de religion, des emplois, des pratiques et des occupations humiliantes. Les supérieurs qui doivent l'exemple, et qui sont obligés d'instruire par leurs actions aussi bien que par leurs paroles, ne font point de difficulté de quitter leurs monastères, et de se trouver indifféremment parmi les hommes, sous le prétexte de vaquer aux affaires temporelles. Ils jugent à propos, pour la conservation des moindres intérêts de leurs maisons, d'entreprendre des procès, de paraître devant toutes sortes de tribunaux, de passer dans les villes des temps considérables, et de s'embarrasser en des difficultés fâcheuses, dont souvent les suites scandalisent le public, déshonorent leur état, troublent la paix de leurs maisons, et y causent des pertes et des dommages qu'ils ne sauraient réparer.

Enfin, de toutes ces belles maximes on a composé sans y prendre garde un nouveau corps de religion qui, n'ayant que quelques traits ou quelques apparences de celui qui avait été formé par les saints, quelque opinion que les hommes en conçoivent, n'en aura jamais devant Dieu le mérite ni la récompense. On s'est trouvé dans le malheureux état duquel parle le prophète quand il dit[129]: *Me derelinquerunt fontem aquæ vivæ, et foderunt sibi cisternas; cisternas dissipatas, quæ continere non valent aquas.* Ils ont abandonné les sources vives, et ils se sont creusé des citernes entrouvertes qui sont incapables de contenir l'eau.

[129] Jr 2, 13

ausser ganz selten mit Geistlichen hervorragender Tugend. *Obwohl also hin und wieder die Erlaubnis zum Reden gegeben wird, wenn es um gute und heilige Gespräche zur Auferbauung geht und um die Vervollkommnung der Jünger wegen der Ernsthaftigkeit des Stillschweigens... verurteilen wir jedoch Possenreißereien oder müßige Worte und all das, was zum Lachen führt an allen Plätzen mit ewiger Klausur. Und wir erlauben einem Jünger nicht, seinen Mund für solche Ausdrücke aufzumachen.*

Man hat ihnen erlaubt, Besuche zu erhalten und zu erwidern; man hat sie dem Wissensdurst der Wissenschaften gewidmet; man hat jene entbunden, die viele Jahre verbracht haben: im Ordensleben, in Arbeitsplätzen, bei erniedrigenden Praktiken und Beschäftigungen. Die Oberen, die das Beispiel geben müssen und durch ihre Taten wie ihre Worte lehren sollen, haben nicht die geringste Schwierigkeit, ihre Klöster zu verlassen und sich unterschiedslos unter Menschen aufzuhalten, unter dem Vorwand, zeitliche Angelegenheiten zu erledigen. Sie beschließen demzufolge, Prozesse zur Verfolgung geringster Interessen ihrer Häuser anzustrengen, vor allen möglichen Gerichten zu erscheinen, beträchtliche Zeiten in den Städten zuzubringen und sich mit ärgerlichen Schwierigkeiten in Verlegenheit zu bringen, deren Folgen oft das Publikum schockieren, ihren Stand entehren, den Frieden ihrer Häuser durcheinander bringen und dort Verluste und Schäden verursachen, die sie niemals reparieren könnten.

Schließlich hat man aus all diesen schönen Leitsätzen ohne Achtsamkeit einen neuen Ordens-Korpus zusammengesetzt, der nur einige Züge oder einigen Anschein dessen hat, der von den Heiligen gebildet wurde, irgendeine Meinung die sich Menschen davon bilden, die niemals Verdienst noch Lohn vor Gott haben wird. Man befand sich im unglücklichen Zustand, von dem der Prophet spricht, wenn er sagt: *Mich, die Quelle lebendigen Wassers, haben sie verlassen und sich Zisternen gegraben, Zisternen, die durchlöchert sind und kein Wasser halten können.* Sie haben die lebendigen Quellen aufgegeben und sich löchrige Zisternen gegraben, die das Wasser nicht behalten können.

Ce qui trompe la plupart des gens, c'est qu'ils ne s'aperçoivent que des vices et des habitudes grossières; qu'ils n'ont des yeux que pour voir les grands maux, et qu'ils comptent pour rien ceux qui n'ont point une laideur et une difformité scandaleuse, quoiqu'ils offensent la Majesté de Dieu, et qu'ils soient incompatibles avec la pureté qu'il demande des personnes qui lui sont consacrées. Ils mettent leurs devoirs et leurs œuvres, comme nous l'avons déjà dit, auprès des coutumes et des pratiques communes, ou ils en jugent, en les comparant aux excès des observances tout-à-fait relâchées. Mais s'il leur plaisait de consulter les vérités, et d'examiner les choses par les Règles, ils auraient des sentiments bien contraires. Et il ne faut point douter qu'ils ne condamneraient comme des égarements insupportables, ce qu'ils ont coutume de tolérer comme des actions, ou licites ou indifférentes.

Les saints qui ont eu l'Esprit de Dieu et qui ont envisagé les choses dans des vues toutes pures et toutes saintes, n'ont eu garde d'autoriser ni d'approuver des dispositions et des conduites si opposées à la sainteté qui doit régner dans la solitude et dans les cloîtres. Ils ont voulu qu'on y demeure dans une religion vive et animée, et ont regardé comme des crimes et des excès énormes le dessein de ceux qui mettent le relâchement, qui troublent la paix et le bon ordre dans ces lieux de bénédiction, et dans ces demeures sacrées que Dieu s'est réservées de toute éternité, et dans lesquelles il veut qu'on l'adore et qu'on le serve dans une piété et dans une perfection éminente.

Saint Bernard, qui doit avoir tout seul auprès de vous plus d'autorité que mille autres, n'hésite point (en parlant à ses frères et se plaignant de quelques uns d'entre eux qui se tiraient de l'ordre de Dieu, et de la voie de leur salut) de leur dire[130] que quiconque osera introduire le vice dans sa maison, et faire du Temple de Dieu la

[130] Serm. 3; 3 in Dedic. SBO Vol V, p. 381

Was die Mehrzahl der Leute täuscht, ist, dass sie die Fehler und rohen Gewohnheiten nicht bemerken; dass sie Augen nur für die großen Übel haben und nicht jenes beachten, was keine Hässlichkeit und skandalöse Missbildung ist, obwohl es Majestät Gottes beleidigt und unvereinbar mit der Reinheit sind, die Er von den Ihm geweihten Personen verlangt. Sie sehen ihre Pflichten und Werke, wie wir schon sagten, in den Bräuchen und den gemeinsamen Übungen, oder beurteilen diese, indem sie sie mit den Auswüchsen der ganz gelockerten Observanzen vergleichen. Aber wenn es ihnen gefiele, die Wahrheit zu befragen und die Dinge an den Regeln zu messen, kämen sie zu ganz gegenteilige Einsichten. Und man darf sicher sein, dass sie alles als unerträgliche Verfehlungen verurteilen würden, was sie gewohnheitsmäßig als erlaubte oder indifferente Handlungen dulden.

Die Heiligen, die den Geist Gottes hatten und die Dinge in der ganz reinen und heiligen Sicht betrachteten trugen Sorge, Bestimmungen und Verhaltenweisen weder zu erlauben noch zu billigen, die der Heiligkeit so entgegenstanden welche in der Abgeschiedenheit und in den Klöstern herrschen muss. Sie wollten, dass man dort in einer lebendigen und beseelten Frömmigkeit bleibt und sie betrachteten als Verbrechen und gewaltige Exzesse die Absicht jener, die Lockerungen einführen, den Frieden und die gute Ordnung in diesen Segensorten und geheiligten Wohnstätten stören, die Gott sich von Ewigkeit vorbehalten hat, und wo Er angebetet werden will und wünscht, dass man Ihm fromm und mit hervorragender Vollkommenheit dient.

Der hl. Bernhard, der allein bei euch mehr Autorität haben muss als tausend andere, zögert nicht (als er zu seinen Brüdern spricht und über einige unter ihnen, die sich von der Ordnung Gottes und dem Weg ihres Heils entfernten) ihnen zu sagen, dass wer immer wagen sollte, das Laster in sein Haus einzuführen und den Tempel Gottes zur Zuflucht der bösen

retraite des démons, doit se regarder comme un traître. *Omnino proditorem sese noverit, si quis fortè vitia quælibet in hanc domum conatur introducere, et Templum Dei facere speluncam dæmoniorum.* Vous croyez peut-être qu'il n'a usé d'un terme si injurieux que pour marquer des conspirations, des révoltes, des rebellions éclatantes, des impudicités, des apostasies et d'autres emportements semblables. Mais bien loin de cela, cet homme si modéré et si juste dans tous ses sentiments, ne fait tomber cette expression si forte, que sur des désordres et des dérèglements qui sont aujourd'hui devenus si ordinaires parmi les moines, que les uns les commettent sans aucun remord, et les autres les voient sans les voir, et sans en être touchés.

Sachez donc que ces religieux qu'il nomme des traîtres, sont ceux qui affaiblissent la discipline, qui diminuent la ferveur, qui troublent la paix et qui blessent la charité qui doit être inviolable entre les frères[131]. *Qui moliuntur imminuere ordinis disciplinam, intepescere fervorem, turbare pacem, lædere charitatem.*

Cet homme de Dieu dit qu'ils ont fait un pacte avec la mort; qu'ils démentent à la face du Ciel la sainteté de leur tonsure, qu'ils témoignent par leurs œuvres qu'ils conservent leur première mollesse et qu'ils gardent encore la foi à la dissolution et à la vanité du monde… Vous livrerez sans doute, s'écrie-t-il, aux ennemis de Jésus Christ, une forteresse importante, si vous venez à bout de leur mettre Clairvaux entre les mains. *Vanitati, et tepiditati, aut cuilibet vitio fidem servas, et Deo per tonsuram mentiris… Optimum certè castrum tulisti Christo, si inimicis ejus tradideris Claramvallem.* Cette infidélité lui paraît si noire et si atroce, qu'il ne trouve point de peine assez grande pour la punir. À quels supplices, ajoute-t-il, peut-on condamner celui qui aura commis une telle perfidie?

[131] Id.

Geister zu machen, als Verräter zu betrachten ist. *Wenn jemand etwa versucht, irgendwelche Untugenden in dieses Haus einzuführen und den Tempel Gottes zu einer Höhle der Dämonen zu machen, der soll wissen, dass er in jeder Hinsicht ein Verräter ist.* Ihr glaubt vielleicht, dass er einen so beleidigenden Begriff nur benutzte, um Verschwörungen zu bezeichnen, offene Revolten, Unverschämtheiten, Apostasien (Abfall) und ähnliche Aufstände. Aber weit entfernt, dieser so mäßige und in allen seinen Ansichten gerechte Mann verwendet diesen starken Ausdruck nur auf Unordnung und Zügellosigkeit, die heute unter den Mönchen so gewöhnlich geworden sind, dass die Einen sie ohne Gewissensbisse begehen, und die anderen sie erblicken, ohne sie zu sehen und davon berührt zu werden.

Also wisset, dass diese Mönche, die er Verräter nennt, jene sind, die die Disziplin schwächen, die Begeisterung vermindern, den Frieden stören und die Barmherzigkeit zwischen den Brüdern verletzen, die unantastbar sein muss. *Diese setzen darauf, die Ordensdisziplin zu schwächen, die Begeisterung lau zu machen, den Frieden zu stören und die Liebe zu verletzen.*

Dieser Gottesmann sagt, dass sie einen Pakt mit dem Tod schließen; dass sie angesichts des Himmels die Heiligkeit ihrer Tonsur leugnen, dass sie durch ihre Werke bezeugen, ihre frühere Weichheit beizubehalten, und dass sie den Glauben an die Auflösung und die Eitelkeit der Welt behalten… Ihr werdet zweifellos, ruft er aus, den Feinden Jesu Christi eine wichtige Festung ausliefern, wenn ihr Clairvaux am Ende ihnen in die Hände gebt. *Du bewahrst deinen Glauben an Eitelkeit und Lauheit oder welches Laster auch immer, und mit deiner Tonsur lügst du gegenüber Gott.... Sicherlich hast Du Christus ein sehr gutes Lager gebracht, wenn du (das Kloster) Clairvaux seinen Feinden auslieferst.* Diese Treulosigkeit scheint ihm so düster und entsetzlich, dass er kein Leid zu groß findet, um sie zu strafen. Zu welchen Qualen, fügt er hinzu, kann man jenen verurteilen, der eine solche Niedertracht begangen hat?

Une mort commune ne suffit pas; il faut employer des tourments particuliers et des peines extraordinaires. *Quibus putas, inquam, exponendum esse suppliciis ? non utique communi morte damnabitur, sed exquisitis illum necesse est interire tormentis.*

Et afin de nous ôter tout sujet de douter de sa pensée; qu'importe, continue-t-il, de ne pas trahir la place, ou de ne pas l'abandonner comme un déserteur infâme, si étant chargé de la garder et d'en répondre, vous y demeurez dans l'oisiveté, dans la paresse, et dans la négligence ? *Quid prodest, si nec prodere castrum, nec relinquere velis, sed segnis et desidiosus in eo permaneas* ? C'est ce que penseront avec ce grand saint tous ceux qui auront une véritable idée de votre profession; qui entreront dans les desseins de Dieu, et qui regarderont une Congrégation de solitaires, comme une troupe de personnes engagées dans une sainte milice pour le service de Jésus Christ, et pour maintenir la gloire de son nom; qui étant environnés d'ennemis, sont obligés d'avoir incessamment les armes à la main et de veiller les jours et les nuits pour leur défense, sachant que tout est à craindre dans l'état où ils se trouvent, et qu'il n'y a point d'ouvertures et de brèches, quelque petites qu'elles soient par où l'on ne puisse les attaquer et les surprendre.

J'ai cru, mes frères, que je devais vous donner ce dernier éclaircissement, afin que Dieu vous ayant préservés par sa grâce des dérèglements grossiers et matériels, vous ne soyez pas assez inconsidérés ou assez infidèles pour tomber dans une dissipation, qui pour être plus fine et plus spirituelle, n'en est pas moins à craindre; et que si jamais il vous venait dans la pensée de suivre des sentiments contraires à ceux que vous avez embrassés, ou qu'il se trouvait quelqu'un qui osait vous les proposer, vous vous souveniez que vous n'êtes pas obligés à moins qu'à vivre comme les saints. Il ne sert de rien de porter leur habit et d'avoir quelques unes de leurs pratiques extérieures,

Ein gewöhnlicher Tod reicht nicht aus; man muss sich besondere Foltern und außergewöhnliche Qualen anwenden. *Welchen Strafen sollte er nach deiner Meinung, so sage ich, ausgesetzt werden? Sicherlich wird er nicht mit dem uns allen gemeinsamen Tod verdammt werden, sondern es ist notwendig, dass er mit sorgfältig ausgesuchten Folterwerkzeugen untergeht.*

Und um uns jeden Anlass zum Zweifel an seinem Gedanken zu nehmen: was bedeutet es, fährt er fort, den Ort nicht zu verraten oder ihn nicht als niederträchtiger Deserteur aufzugeben, wenn man so verantwortlich ist, ihn zu halten und dem zu erwidern, ihr bleibt dort im Müßiggang, in Faulheit und Nachlässigkeit? *Was nützt es, wenn du weder das Lager preisgeben noch verlassen willst, sondern träge und lässig darin weiterhin verbleibst?* Dies werden mit diesem großen Heiligen all jene denken, die eine echte Vorstellung eurer Berufung haben; die sich auf die Absichten Gottes einlassen und die eine Mönchsgemeinschaft als eine Truppe von Personen im heiligen Kampfesdienst für Jesus Christus ansehen und sich für den Ruhm Seines Namens einsetzt. Sie müssen ihre Waffen immerfort in Händen tragen, Tag und Nacht zu ihrer Verteidigung bereit sein. Sie wissen nämlich, dass man in ihrem Stand das Schlimmste fürchten muss und dass es überall Öffnungen und Breschen gibt, so klein sie auch sein mögen, wo hindurch man sie angreifen und überraschen kann

Ich glaubte, meine Brüder, euch folgende letzte Klarstellung mit auf den Weg geben zu müssen, damit ihr nicht, da Gott euch durch seine Gnade vor groben Regelverstößen bewahrt hat, unbedacht und untreu genug seid, in eine Liederlichkeit zu verfallen, die wegen ihrer subtileren geistigen Natur nicht weniger zu fürchten ist, und damit ihr, wenn euch jemals in den Sinn kommen sollte, Gefühlen nachzugeben, die euren Gelübden zuwiderlaufen, oder wenn es jemanden gäbe, der es wagte sie euch vorzuschlagen, euch stets daran erinnern möget, dass ihr euch verpflichtet habt, wie Heilige zu leben, und dass es nichts nutzt, deren Gewänder zu tragen und nach außen hin wie diese zu leben,

si l'on n'en a l'esprit et la piété; qu'ils sont les fidèles interprètes et les sacrés dépositaires des volontés de Dieu; et que c'est par leurs instructions et par leurs exemples que vous devez les apprendre.

Jamais on n'a eu plus de besoin de régler sa conduite par les lumières des saints, car jamais la vérité n'a été si rare qu'elle l'est présentement dans la bouche, aussi bien que dans les œuvres des hommes. Ceux même qui devraient être les conducteurs des autres, et dont on croit la vertu la plus éclairée, sont tellement éblouis de ce qui est incessamment devant leurs yeux, qu'ils ne peuvent s'imaginer qu'on doive reprendre ce qui est autorisé d'une pratique presque universelle. Et l'on peut dire, selon l'expression de l'Écriture[132], que leurs soins sont de mettre des coussins sous les coudes des pécheurs au lieu de couvrir leurs restes du sac et de la cendre. Mais tout cela, mes frères, ne doit ébranler ni votre foi ni votre religion. Vous savez qu'il a été prédit il y a longtemps, qu'il y aurait des jours de désolation et d'amertume, et que quand le Fils de Dieu paraîtrait dans le monde pour la seconde fois, à peine se trouverait-il de la foi parmi les hommes[133]. *Filius hominis veniens putas inveniet fidem in terra ?*

Saint Nil, ce grand anachorète[134], inspiré de Dieu, ouvrit un livre devant un archevêque et un grand nombre de gens qui étaient venus le chercher dans sa solitude, et lut un endroit dans lequel il y avait: Nous sommes venus dans un temps où à peine de dix mille personnes, il y en a une qui se sauve; et sur ce que plusieurs se récrièrent que c'était une erreur, il leur repartit[135] que c'était une vérité qu'il leur prouverait par le témoignage des saints Pères comme par celui des saintes Écritures.

La voie, dit saint Jean Chrysostome[136], qui mène à la vie est étroite, et il y en a peu qui la trouvent.

---

[132] Ez 13, 18
[133] Lc 18, 8
[134] Baronius : Saint Nil; annal. an. 976.
[135] Repartir ou répartir, dans le sens de : répliquer, rétorquer, répondre.
[136] Lib 1 Adver. vituper. Vita mon. cap. 8.

wenn man nicht über deren fromme geistige Grundhaltung verfügt. Sie sind gläubige Interpreten und Sachwalter dessen, was Gott will; durch ihre Lehren und durch ihre Beispiele sollt ihr Gottes Willen erlernen.

Noch nie war es notwendiger seine Lebensführung nach dem leuchtenden Vorbild der Heiligen auszurichten, denn noch nie war die Wahrheit in den Worten und Werken der Menschen so wenig verbreitet wie in der heutigen Zeit. Selbst diejenigen, die die Seelenführer der anderen sein sollten und deren Tugendhaftigkeit man für die vorbildlichste hält, werden so sehr geblendet von dem, was ihnen ständig vor Augen steht, dass sie sich kaum mehr vorstellen können, das zu tadeln, was von der allgemeinen Praxis geduldet wird. Man kann demnach mit den Worten der Heiligen Schrift sagen, dass ihre Sorge darin besteht, den Ellenbogen der Sünder Kissen unterzulegen statt deren Häupter mit Sack und Asche zu bedecken. Aber all dies darf euren Glauben und eure Frömmigkeit nicht ins Wanken bringen. Ihr wisst, dass vor langer Zeit vorhergesagt wurde, dass es Tage der Not und Bitterkeit geben wird und dass, wenn Gottes Sohn zum zweiten Mal auf diese Welt kommt, unter den Menschen kaum noch Glaube zu finden sein wird. *Wie meinst du: Wird der Menschensohn, wenn er kommt, noch Glauben auf der Erde vorfinden?*

Der hl. Nilus, dieser große von Gott geleitete Einsiedler, öffnete vor einem Erzbischof und einer großen Menschenmenge, die gekommen waren, ihn in seiner Einsamkeit zu suchen, ein Buch und las eine Stelle, in der Folgendes stand: Wir sind in eine Zeit gekommen, wo es von zehntausend Menschen kaum einen gibt, der gerettet wird; und als mehrere ausriefen, dies sei ein Irrtum, erwiderte er ihnen, es sei eine Wahrheit, die er ihnen durch das Zeugnis der heiligen Väter und der heiligen Schriften beweisen würde.

Der Weg, sagt der hl. Johannes Chrysostomus, der zum Leben führt ist schmal und wenige finden ihn.

S'il y en a peu qui trouvent cette voie du ciel, il y en a encore bien moins qui arrivent jusqu'à la fin après l'avoir trouvée. Car il ne faut pas s'imaginer que tous ceux qui y entrent d'abord, y persévèrent jusqu'au bout. Mais il y en a qui tombent dès le commencement, d'autres au milieu de leur course, et plusieurs de ceux qui étaient tout près de trouver le port, périssent misérablement dans le naufrage.

Ainsi, mes frères, éloignez-vous dans les choses qui regardent votre profession, des opinions qu'on appelle communes et des maximes populaires. Faites et pensez comme peu. Essayez par tous vos soins et vos efforts, de vous rendre conformes au petit nombre: *Festinandum est, ut a paucis et rarissimis sumamus exempla virtutum*, puisque c'est le nombre des élus de Jésus Christ.

La multitude de ceux qui par un aveuglement déplorable, dit saint Eucher[137], négligent ce qui regarde leur salut, ne doit pas nous porter à négliger le nôtre. Car quel secours tirerions-nous de cette multitude de coupables dans ce jugement si terrible, où Jésus Christ après une discussion exacte, nous jugera, selon le mérite de nos œuvres, dans sa colère ou dans sa clémence ?

Imitez les actions de saints, et gravez-les dans le fond de vos cœurs. Ne pensez pas, comme dit saint Basile[138], que tous ceux qui se renferment dans les cloîtres, s'ouvrent les portes du ciel.

Plusieurs embrassent cette vie sainte mais très peu en subissent le joug. Car le Royaume du ciel, selon les paroles de l'Écriture[139], se prend par violence, et il n'y a que les violents qui l'emportent. Baissez donc vos têtes pour recevoir le joug du Seigneur, serrez-vous de ces liens bienheureux; chargez ce fardeau sur vos épaules, rendez-le plus léger par l'exercice laborieux des vertus, par les jeûnes, par les veilles, par l'obéissance,

---

[137] S. Euch. De cont. mundi. / Eucherius Bischof von Lyon (ca. 380 – 449)
[138] Serm de abd.
[139] Mt 11, 12

Wenn es schon wenige sind die diesen Weg des Himmels finden, so gibt es noch viel weniger, die ihn dann bis zum Ende gehen und ankommen. Denn man darf sich nicht einbilden, dass alle die ihn zunächst einschlagen, bis zum Ende darauf ausharren. Sondern manche fallen gleich von Anfang an, andere in der Mitte ihres Laufes und auch mehrere von denen, die fast den Hafen gefunden haben, gehen beim Schiffbruch armselig unter.

So nehmt also, meine Brüder, – in den Dingen, die euer Ordensleben betreffen – Abstand von den gängigen Meinungen und Lehrsätzen! Handelt und denkt, wie es nur noch eine Minderheit tut. Versucht mit ganzer Sorgfalt und Anstrengung euch der kleinen Zahl gleichförmig zu machen: w*ir müssen uns beeilen, dass wir noch die Beispiele für ein tugendhaftes Leben den Wenigen und noch sehr selten Vorhandenen entnehmen* denn diese ist die Zahl der Auserwählten Jesu Christi.

Die Menge jener, sagt der hl. Eucherius, die durch eine bedauernswerte Blindheit, ihr Heil vernachlässigen, darf uns nicht dazu bringen, unser eigenes zu vernachlässigen. Denn welche Hilfe würden wir von dieser Menge Schuldiger erhalten bei diesem schrecklichen Gericht, wo Jesus Christus nach genauer Untersuchung uns nach dem Verdienst unserer Werke in seinem Zorn oder in seiner Nachsicht verurteilen wird?

Ahmt die Taten der Heiligen nach und prägt sie in den Grund eurer Herzen. Denket nicht, wie der hl. Basilius sagt, dass all jenen, die sich in den Klöstern einschließen, die Türen des Himmels geöffnet werden.

Mehrere ergreifen dieses heilige Leben, aber sehr wenige von ihnen nehmen das Joch auf sich. Denn nach den Worten der Schrift leidet das Königreich des Himmels Gewalt, und nur die, die Gewalt üben, werden es einnehmen. Neigt also eure Köpfe, um das Joch des Herrn zu erhalten, schließt euch mit diesen seligen Banden; ladet diese Last auf eure Schultern, macht sie leicht durch die Mühe bei Ausübung der Tugenden, durch Fasten, Nachtwachen, Gehorsam,

par le repos sacré de la solitude, par le chant des psaumes, par la prière, par les larmes, par le travail des mains, par la souffrance de toute tribulation, soit qu'elle vous vienne de la part des démons, ou de celles des hommes. Et faites que jamais la vanité de vos pensées, et l'événement de votre cœur ne vous porte à relâcher quelque chose de vos travaux et de vos austérités accoutumées, de crainte que vous trouvant à la fin de votre course destitués d'œuvres et de vertus, Jésus Christ ne vous ferme l'entrée de son Royaume.

Dites souvent à Dieu, pour votre consolation, ce que lui disait son Prophète: Sauvez-nous, Seigneur, il n'y a plus de saints dans le monde; les enfants des hommes ont affaibli vos vérités; ils ne se disent les uns aux autres que des choses vaines; leurs lèvres sont trompeuses, et ils ne parlent que pour séduire ceux qui les écoutent : *Salvum me fac, Domine*[140] ...

Enfin, mes frères, louez Dieu de ce qu'il vous a donné de l'ouverture pour ses vérités saintes; bénissez-le de ce qu'il vous a donné tout ensemble le désir de les pratiquer; demandez-lui par les prières continuelles, la force de résister au torrent des maximes contraires : *Benedicite Deum cœli, et coram omnibus viventibus confitemini ei; quia fecit vobiscum misericordiam suam*[141]. Faites que votre fidélité soit votre action de grâces et que votre reconnaissance s'exprime dans vos œuvres.

Rendez, comme votre état vous y oblige, votre vie si pure et si sainte, qu'on y trouve, s'il est possible, dans tous les endroits, des marques de ses miséricordes; qu'elle fasse l'édification des hommes, la joie des Anges, la confusion des démons, et qu'elle puisse être pour jamais à Jésus Christ un sujet de gloire et de triomphe.

---

[140] Ps 11, 2-4

[141] Tb 12, 6 / Tob 12,6

die geheiligte Ruhe der Einsamkeit, den Gesang der Psalmen, durch Gebet, Tränen, durch die Arbeit der Hände, das Erdulden jeder Widrigkeit, sei es, dass sie von den Dämonen kommt, oder von den Menschen. Und sorgt, dass niemals eitle Gedanken und Ereignisse eurer Herzen auch dazu bringen, etwas von euren Arbeiten und eurer gewohnten Strenge nachzulassen, aus Furcht, dass ihr am Ziel eures Weges ohne Werke und Tugenden anlangt, und Jesus Christus euch die Pforte seines Reiches verschließt.

Sagt Gott zu eurem Trost oft das, was sein Prophet ihm sagte: Rettet uns, Herr, es gibt keine Heiligen mehr in der Welt; die Kinder der Menschen haben Deine Wahrheiten verfälscht; sie reden einander nur über unnütze Dinge; ihre Lippen täuschen, und sie sprechen nur, um jene zu verführen, die auf sie hören: *Rette mich Herr..*

Schließlich, meine Brüder, lobt Gott dafür, dass Er euch empfänglich für seine heiligen Wahrheiten gemacht hat; preist Ihn dafür, dass Er euch allen zusammen das Verlangen geschenkt hat, diese in die Tat umzusetzen; bittet Ihn durch euer immerwährendes Gebet um die Kraft, dem Sturzbach gegenteiliger Lehren Widerstand zu leisten. *Lobet den Gott des Himmels und danket ihm vor allem, was Leben hat, weil er an euch Barmherzigkeit erwiesen hat.* „Preist Gott vor den Augen aller Lebenden für die Wohltat, die Er euch erwiesen hat.“Arbeitet dahin, dass eure Treue eure Danksagung darstellt und eure Dankbarkeit in euren Werken zum Ausdruck kommt.

Gestaltet, wie es ja auch euer Stand vorschreibt, eure Lebensführung so makellos und so heilig, dass man in ihr überall Zeichen Seiner Barmherzigkeit erkennt. Sie soll den Menschen zur Erbauung, den Engeln zur Freude und den Teufeln zur Abschreckung dienen. Möge sie immerdar für Jesus Christus ein Gegenstand seines Ruhmes und Triumphes sein!

INHALT

CHAPITRE XXII - MALADIES 8

De la patience dans les infirmités et les maladies 8

Question première 8

Quelles doivent être les dispositions d'un religieux malade ? 8

KAPITEL XXII – KRANKHEITEN 9

Von der Geduld bei Gebrechlichkeiten und Krankheiten 9

Erste Frage 9

Wie sollen sich ein Ordensmann bei Krankheit verhalten? 9

Question II 10

Est-il convenable à un religieux de chercher les médecins et de se servir de remèdes dans ses maladies ? 10

Frage II 11

Passt es zu einem Ordensmann, in seiner Krankheit Ärzte aufzusuchen und Medikamente zu nehmen? 11

Question III 36

N'est-il donc pas permis à des religieux quand ils sont malades de demander des remèdes et de prendre soin eux-mêmes de ce qui peut contribuer au rétablissement de leur santé ? 36

Frage III 37

Ist es den Ordensleuten bei Krankheit nicht erlaubt, Heilmittel zu erbitten und selbst dafür zu sorgen, was zur Wiederherstellung ihrer Gesundheit zuträglich ist? 37

Question IV 48

La charité n'oblige-t-elle pas un supérieur d'user de toutes sortes de moyens et de remèdes pour la guérison de ses religieux ? 48

Frage IV 49

Zwingt nicht die Barmherzigkeit den Oberen, alle möglichen Maßnahmen und Heilmittel zur Heilung seiner Mönche zu benutzen? 49

Question V 56

Ne doit-on relâcher de la discipline et de la pénitence des monastères lorsqu'on voit que les religieux meurent fréquemment, et diminuer l'austérité des observances, dans la crainte qu'elles ne puissent pas durer dans leur première ferveur? 56

FRAGE V 57

Darf man Disziplin und Bußfertigkeit in den Klöstern nicht mildern, wenn man sieht, dass die Ordensleute häufig sterben; und die Strenge der Observanz mindern, aus Besorgnis, dass ihre erste Begeisterung erlahmen könnte? 57

Question VI 74

Que faut-il répondre à ceux qui regardent comme une chose blâmable d'embrasser des austérités qui abrègent la vie ? Ont-ils pour cela quelque fondement légitime ? 74

Frage VI 75

Was muss man jenen antworten, die es tadelnswert erachten, wenn eine Strenge angewendet wird, die das Leben abkürzt? Haben sie dafür irgendeine legitime Grundlage? 75

Question VII 90

Saint Basile ne recommande-t-il pas une grande modération dans les austérités, et dans les exercices de pénitence ? 90

Frage VII 91

Empfiehlt der hl. Basilius nicht große Mäßigung in der Strenge und in den Bußübungen? 91

CHAPITRE XXIII - MITIGATIONS 114

Question première 114

La vie religieuse étant un état d'une si grande pénitence et d'une perfection si consommée, comment peut-on demeurer en sûreté de conscience dans une observance mitigée ? 114

KAPITEL XXIII - MILDERUNGEN 115

ERSTE FRAGE 115

Wenn das Ordensleben ein Stand von so großer Bußfertigkeit und so meisterhafter Vollkommenheit ist, wie kann man bei einer gemilderten Observanz seines Gewissens sicher sein? 115

Question II 116

Le supérieur d'un monastère n'est-il pas une règle vivante ? Et ne peut-il pas modifier la Règle quand il lui plait ? 116

Frage II 117

Ist der Obere eines Klosters nicht eine lebendige Regel? Und kann er die Regel nicht ändern, wenn es ihm gefällt? 117

Question III 136

Peut-on apporter quelques raisons pour combattre les vérités dont vous venez de nous parler, qui nous paraissent si solides et si convaincantes ? 136

Frage III 137

Kann man einige Gründe bringen, um den Wahrheiten zu widersprechen, von denen Sie uns soeben berichtet haben und die uns so unumstößlich und überzeugend scheinen? 137

Question IV 156

Peut-on en sûreté de conscience suivre l'exemple et se conformer à ce grand nombre de religieux qui vivent selon des maximes si contraires aux Règles primitives ? 156

Frage IV 157

Kann man mit sicherem Gewissen dem Beispiel folgen und sich der großen Zahl von Ordenleuten anpassen, die nach Grundsätzen leben, die so im Widerspruch zu den einfachen Regeln stehen? 157

Question V 160

Est-il donc possible de se sauver dans ces sortes de mitigations ? 160

Frage V 161

Ist es denn bei dieser Auflockerung noch möglich, sich zu retten ? 161

Question VI 162

Quelles sont donc ces mitigations que vous appelez légitimes ? 162

Frage VI 163

Welches also sind diese Milderungen, die Ihr legitim nennt? 163

Question VII 172

Que peut-on dire d'une conduite qui se trouve dans les Observances qui font profession d'être réformées, et qui peut être regardée comme une espèce de mitigation spirituelle ? 172

FRAGE VII 173

Was kann man von einem Ordensleben sagen, das sich bei jenen Observanzen findet, die behaupten reformiert zu sein, und die man als „spirituell gemildert“ ansehen kann? 173

Im gleichen Verlag erschien vom gleichen Autor der Sammelband:

Abbé de Rancé: Über das Beten......

122 Seiten, ISBN 978-3-8416-0025-7

und – in Kürze - der Sammelband :

Ausgewählte Texte aus Abbé de Rancé's:

„Über die Heiligkeit und die Pflichten des Ordenslebens"

ca. 410 Seiten, ISBN 978-3-8416-0111-7

Weiter erscheinen dort in loser Folge die anderen Kapitel aus diesem Werk, zunächst aus technischen Gründen Band II.

Ab Ende 2012 folgen die 15 Kapitel des ersten Bandes.

Die Kapitel des zweiten Bandes:

<table>
<tr><td>XVI</td><td>De la Retraite
ISBN 978-3-8416-0028-8</td><td>Zurückgezogenheit
ISBN 978-3-8416-0029-5 D
ISBN 978-3-8416-0030-1 D/F</td></tr>
<tr><td>XVII</td><td colspan="2">Du Silence / Stillschweigen zusammen mit XVIII</td></tr>
<tr><td>XVIII</td><td colspan="2">De l'abstinence et de l'austerité dans la nourriture / Enthaltsamkeit und Mäßigung bei der Nahrung - ISBN 978-3-8416-0112-4</td></tr>
<tr><td>XIX</td><td colspan="2">Du travail des mains /Die körperliche Arbeit / ISBN 978-3-8416-0211-4</td></tr>
<tr><td>XX</td><td colspan="2">Des Veilles / Nachtwachen zusammen mit XXI</td></tr>
<tr><td>XXI</td><td colspan="2">De la Pauvreté / Die Armut ISBN 978-3-8416-0</td></tr>
<tr><td>XXII</td><td colspan="2">De la Patience dans les infirmités et les maladies
Geduld in Siechtum und Krankheiten – zus. mit XXIII</td></tr>
<tr><td>XXIII</td><td colspan="2">Des Mitigations / Milderungen ISBN 978-3-8416-0310-4</td></tr>
</table>

Die Kapitel des ersten Bandes:

I	Chapitre Premier	Erstes Kapitel
II	De l'institution de la vie Monastique	Ordensleben als Institution
III	De l'origine de la vie Solitaire	Ursprung des Eremitenlebens
IV	Des differentes manières de vie qui se sont formées parmi les anciens Solitaires	Verschiedene Lebensweisen, die sich unter den frühen Einsiedlern bildeten
V	De l'Essence et de la perfection de la vie Coenobitique	Wesen und Vollkommenheit des Zönobitenlebens
VI	Des principaux moyens par lesquels les Religieux peuvent s'elever à la perfection de leur état	Verschiedene Mittel für Ordensleute, sich in ihrem Stand zu vervollkommnen
VII	De l'amour de Dieu	Liebe zu Gott
VIII	De l'amour et de la confiance des Superieurs	Liebe und Vertrauen der Oberen
IX	De la Charité et des devoirs des Superieurs	Nächstenliebe und Pflichten der Oberen
X	De la Charité que les Religieux doivent avoir les uns pour les autres	Nächstenliebe der Ordensleute untereinander
XI	De la Prière	Beten
XII	De la Penitence. Des Humiliations	Buße. Demütigung
XIII	De la Meditation de la Mort	Betrachtung des Todes
XIV	Des Jugements de Dieu	Gottesurteile
XV	De la Componction	Zerknirschung

MIX
Papier aus verantwortungsvollen Quellen
Paper from responsible sources
FSC® C105338

Printed by Books on Demand GmbH, Norderstedt / Germany